MANDALAS

Volumen 13

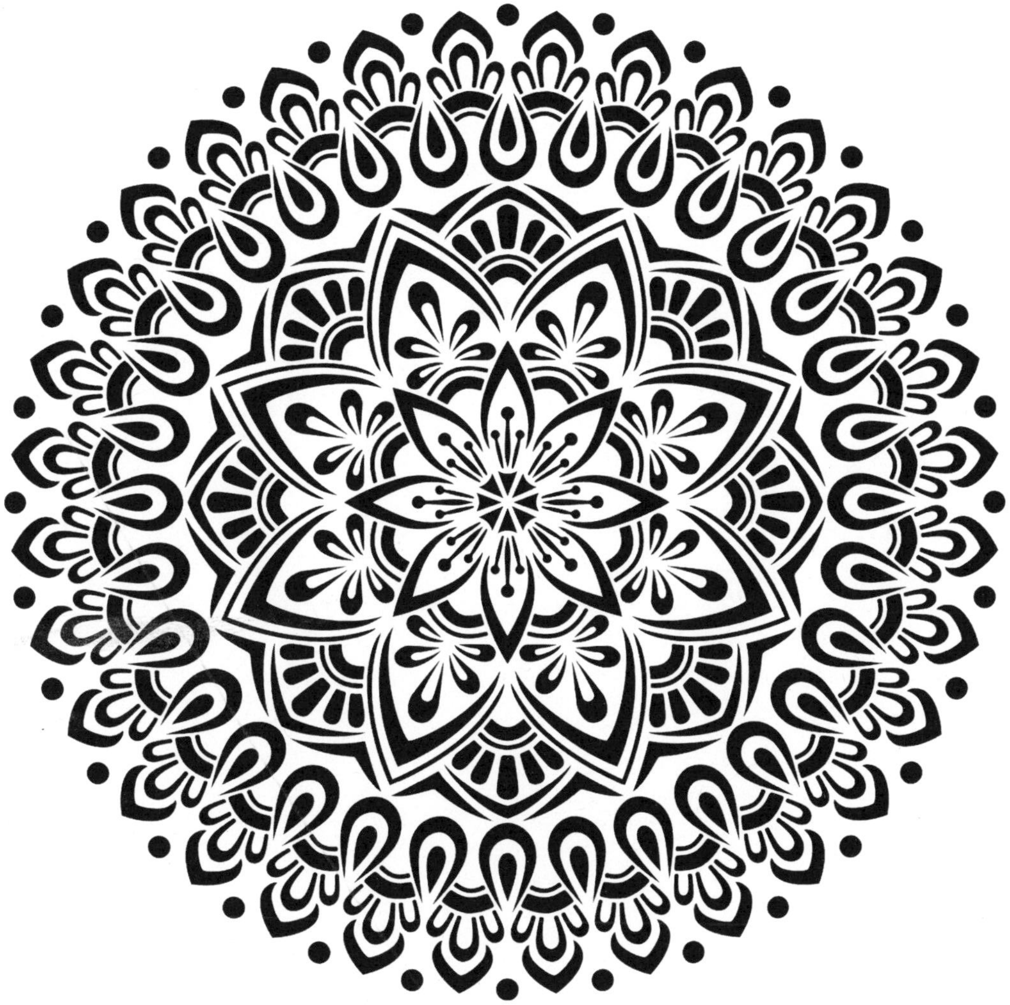

ediciones rodeno

LIBRO DE COLOREAR PARA ADULTOS

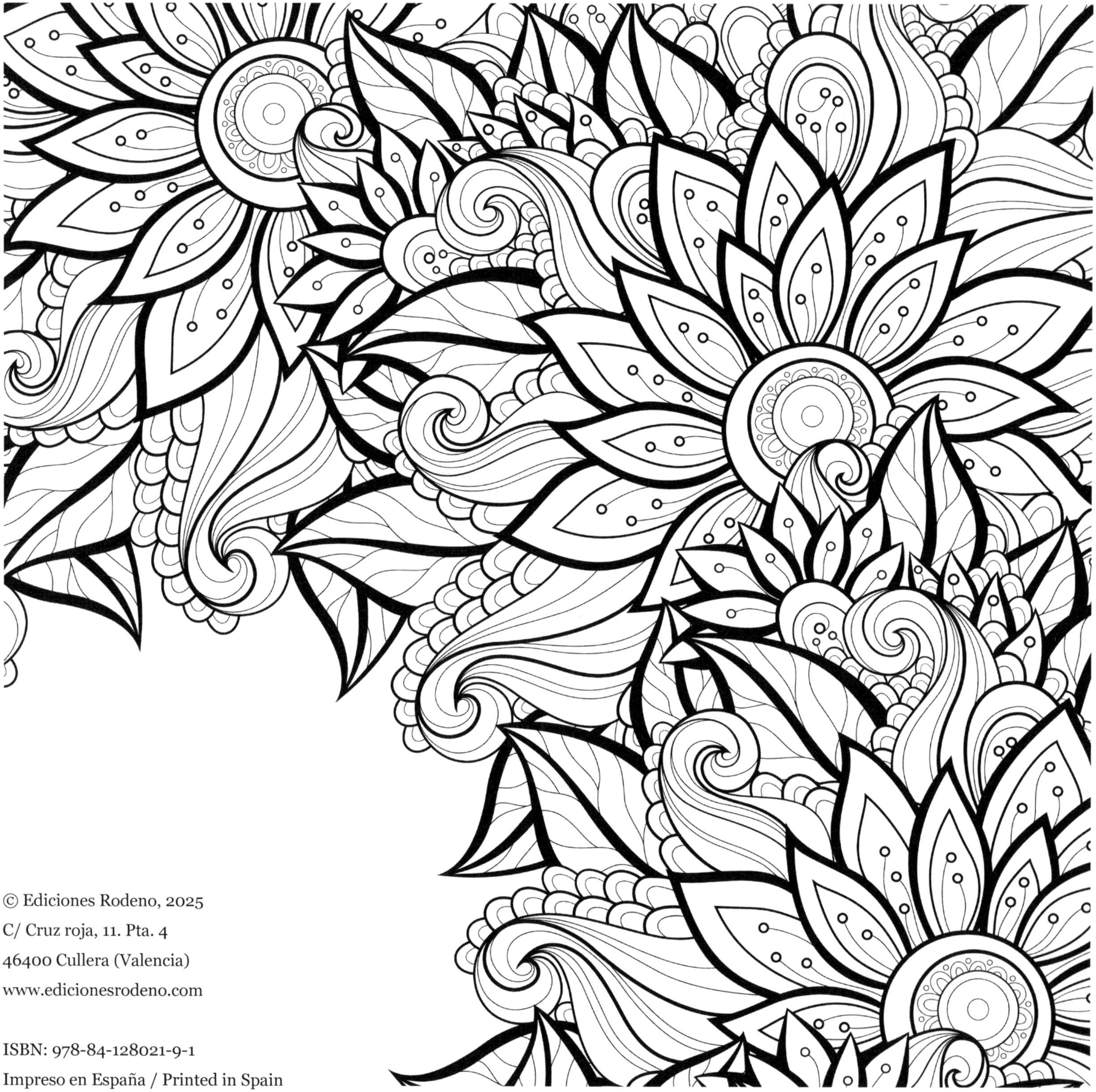

C/ Cruz roja, 11. Pta. 4

46400 Cullera (Valencia)

www.edicionesrodeno.com

ISBN: 978-84-128021-9-1

Impreso en España / Printed in Spain

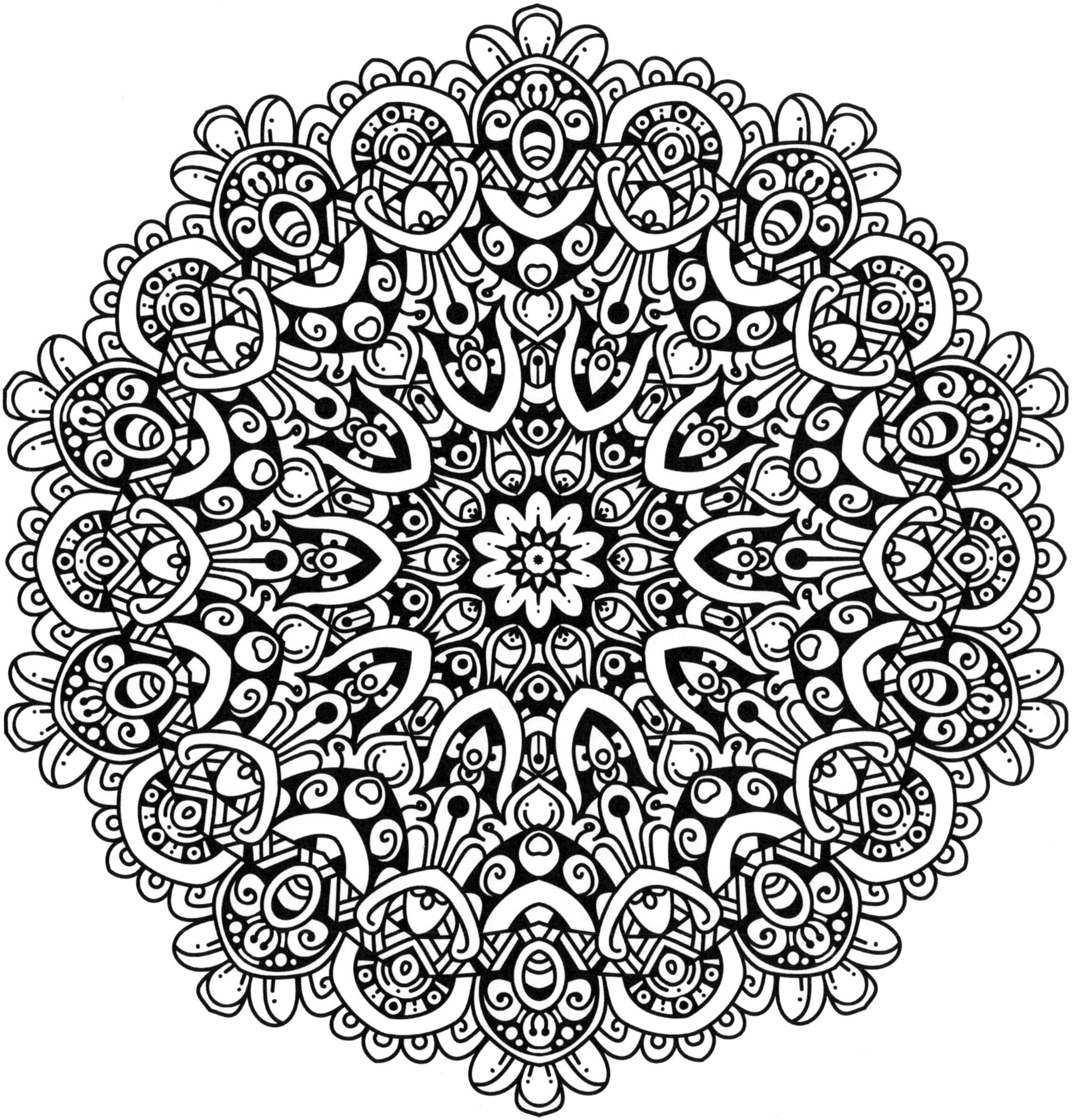

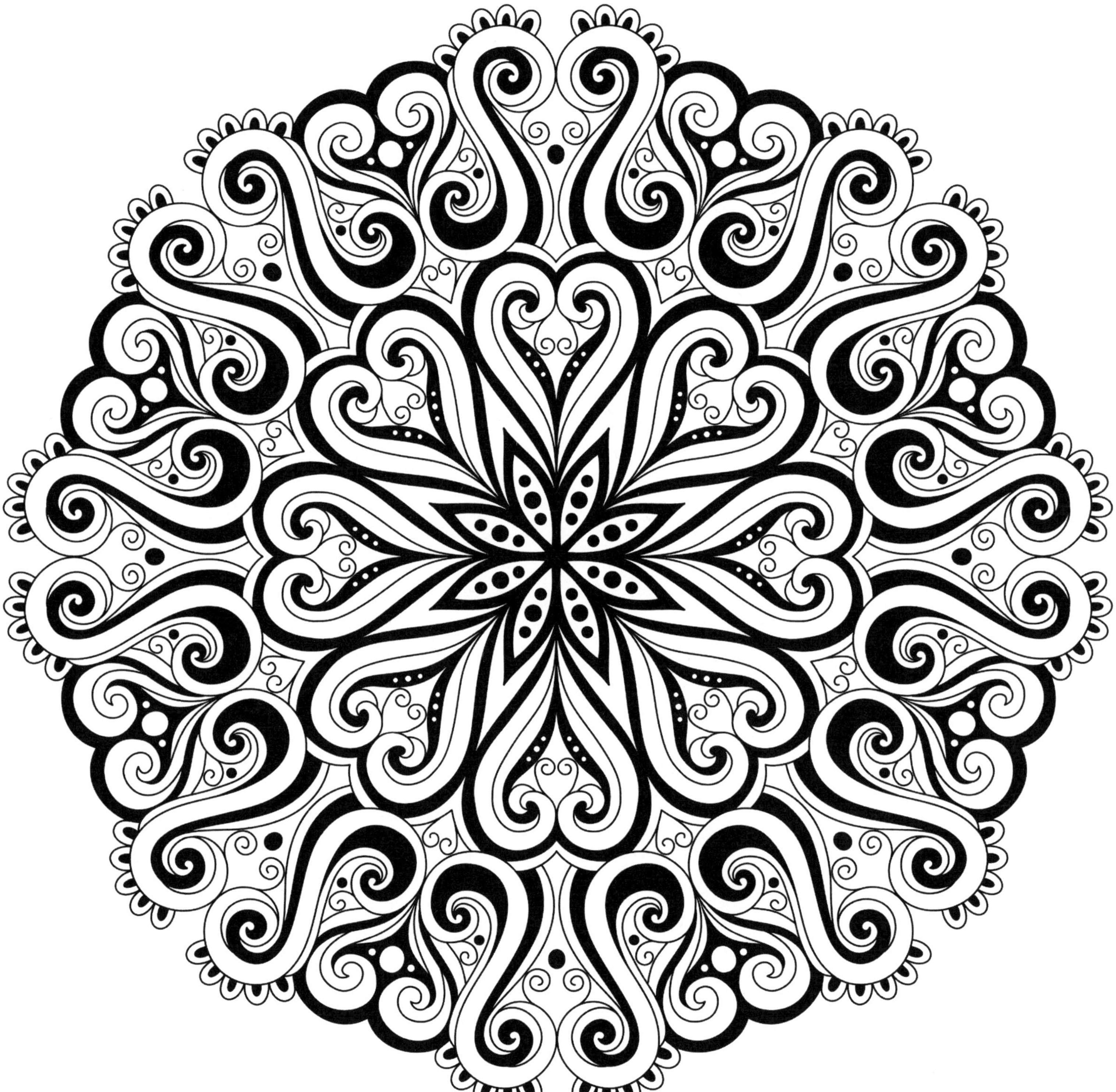

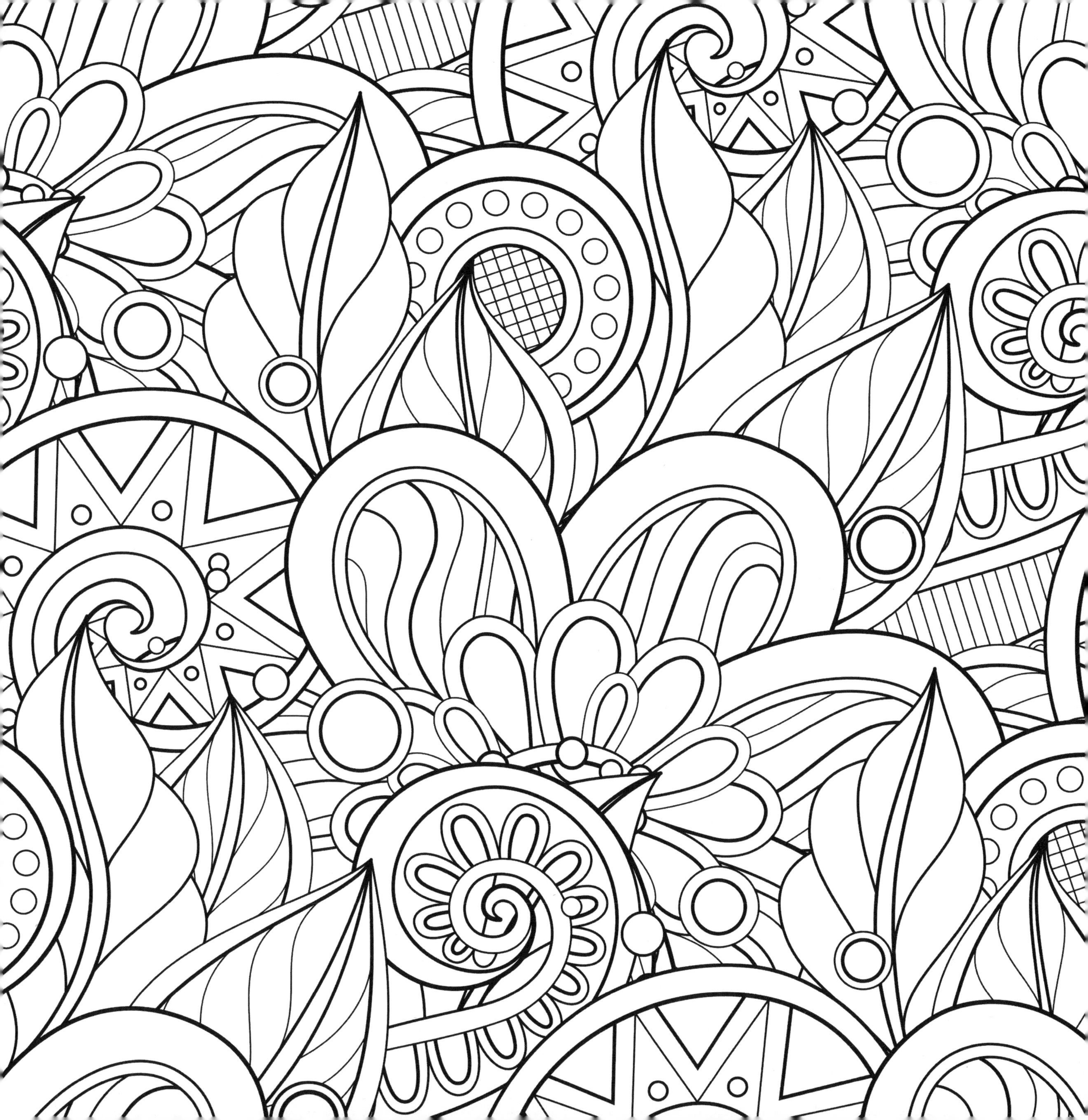

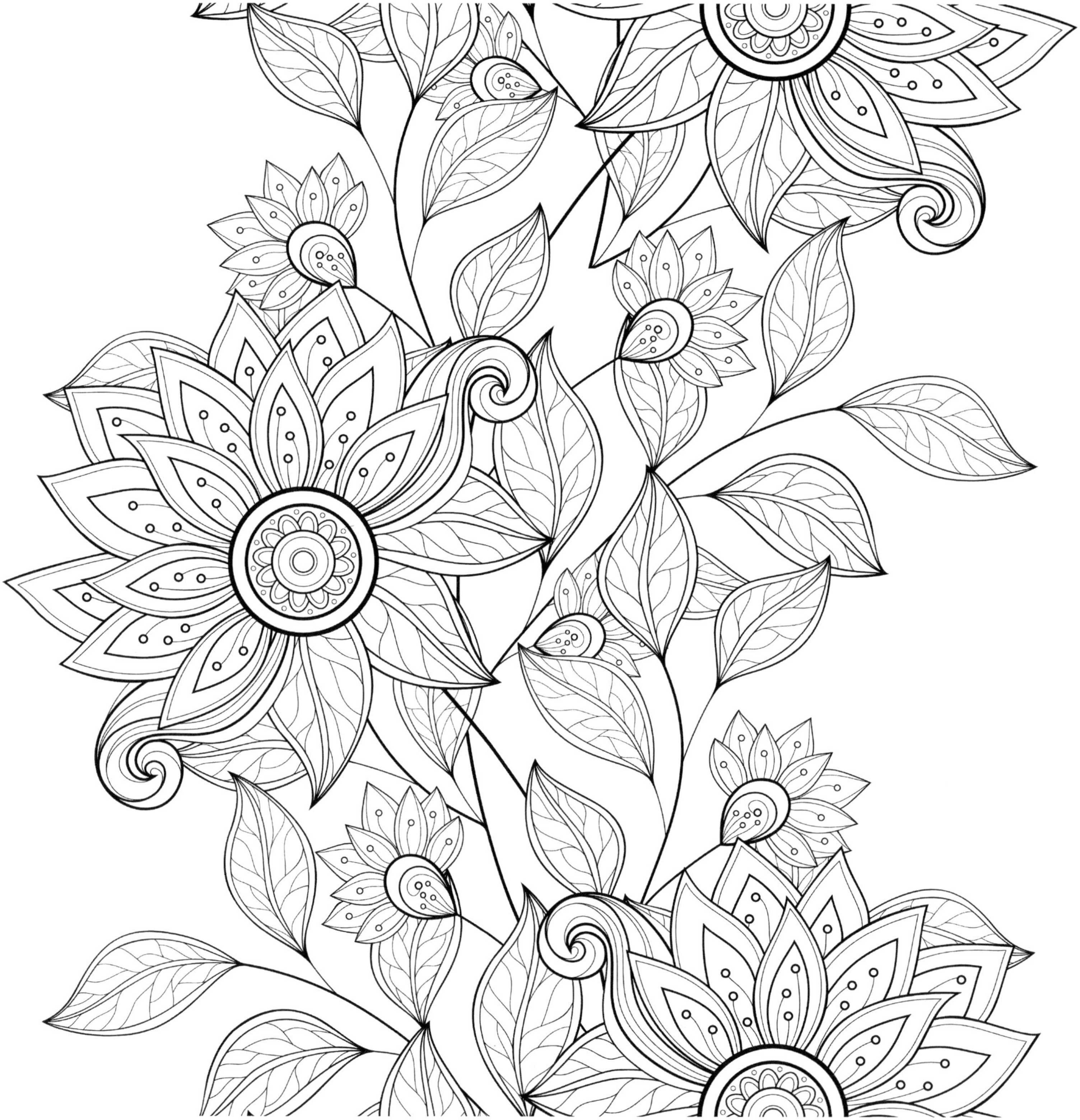

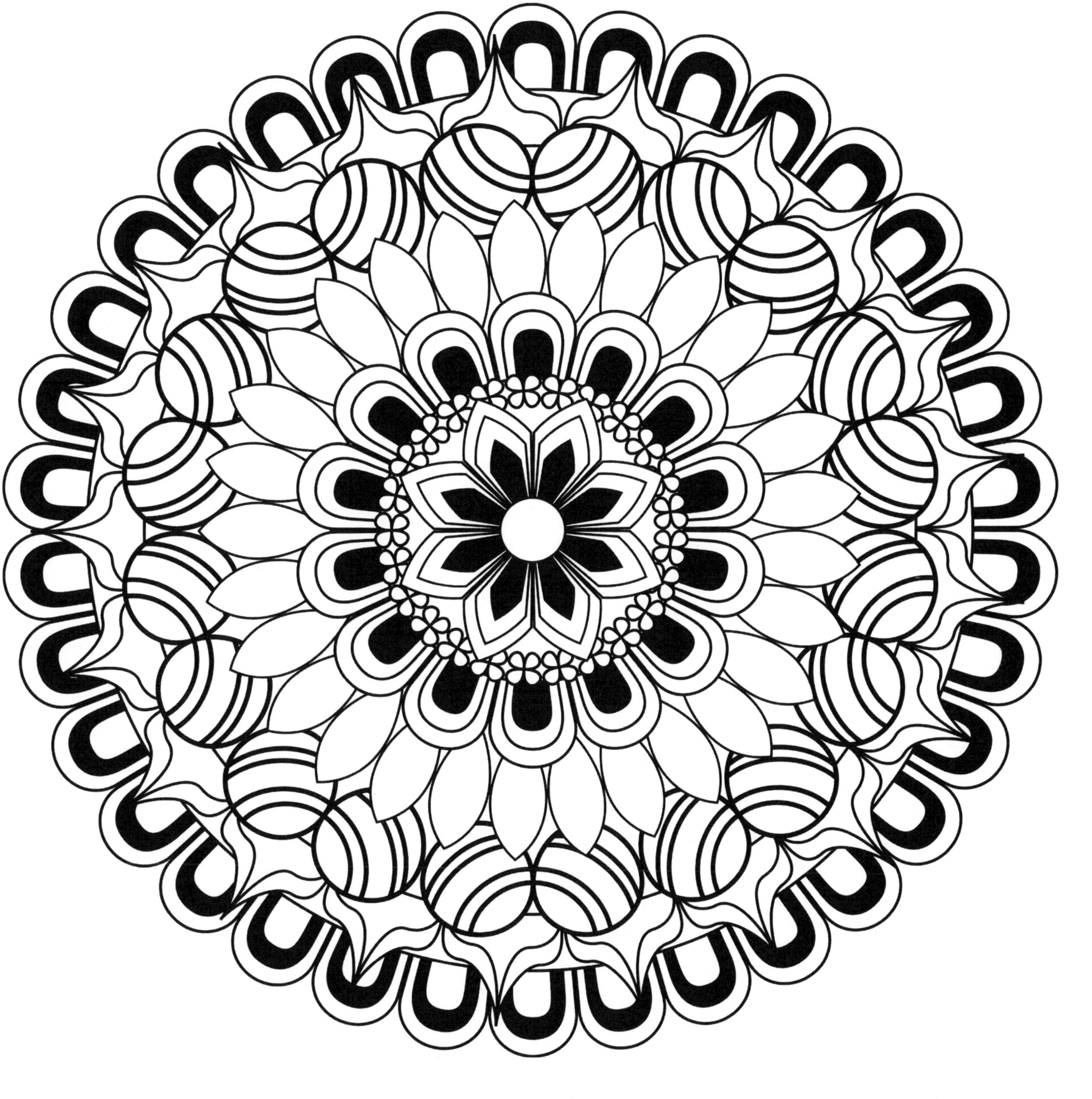

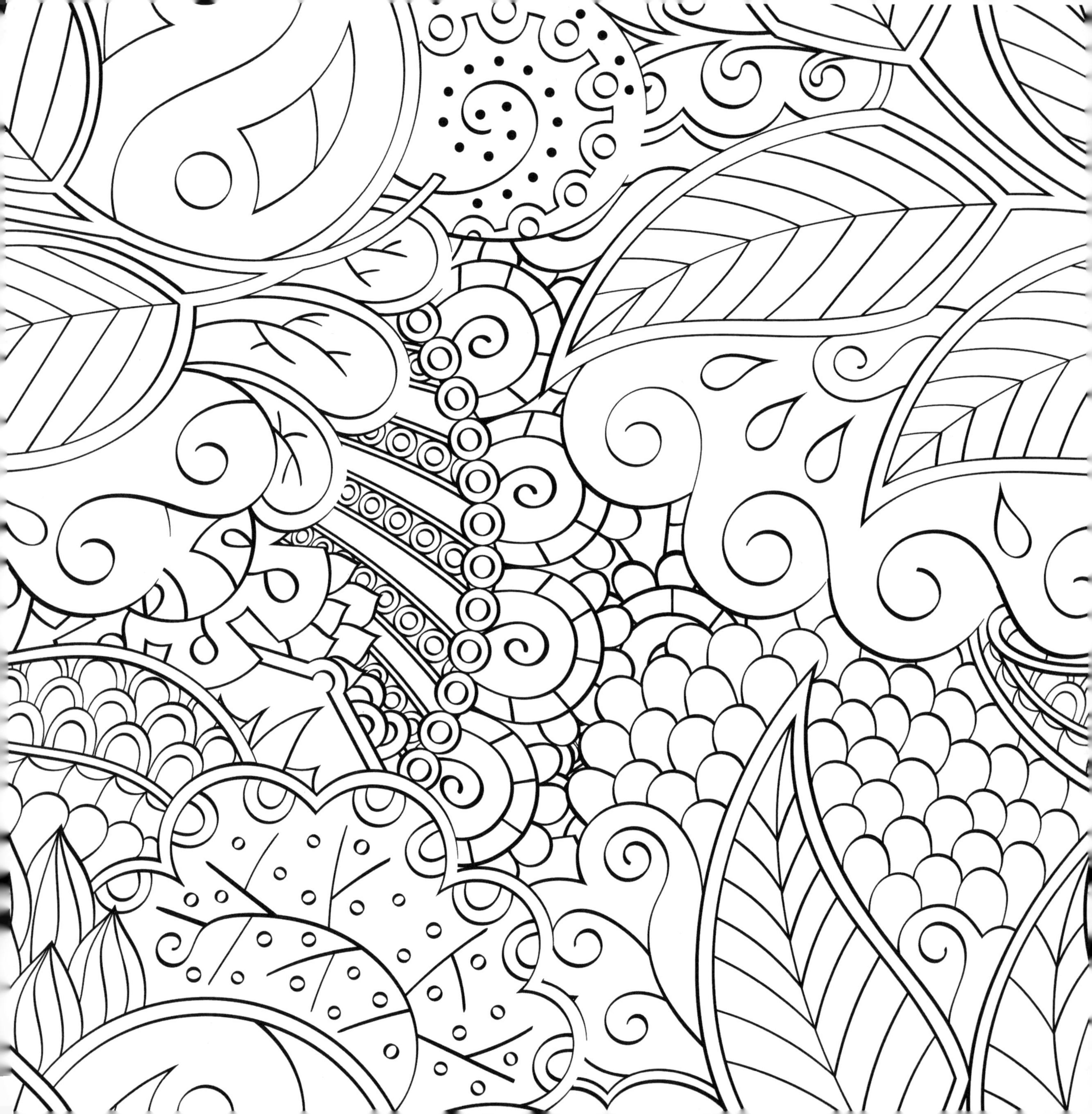

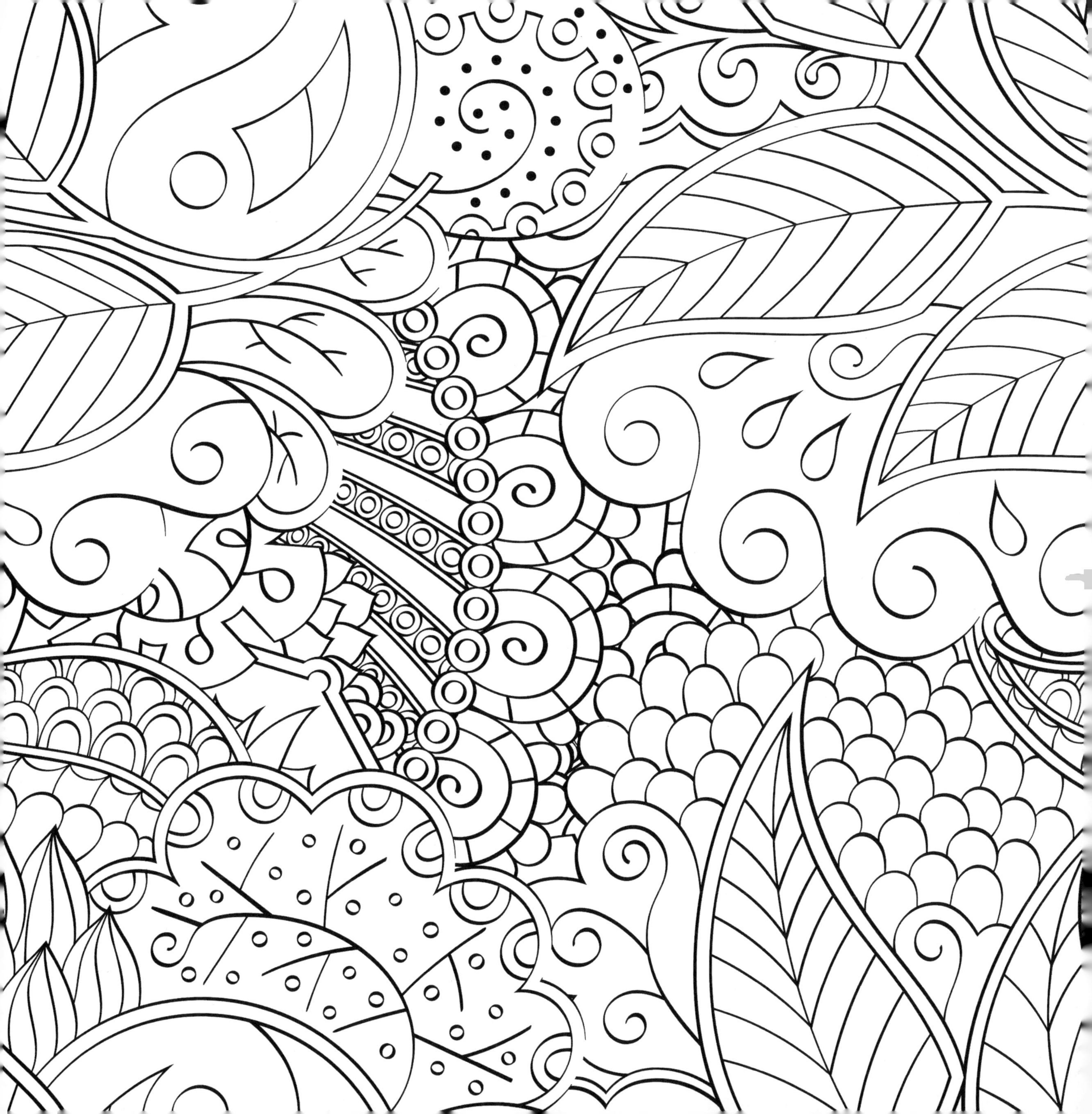

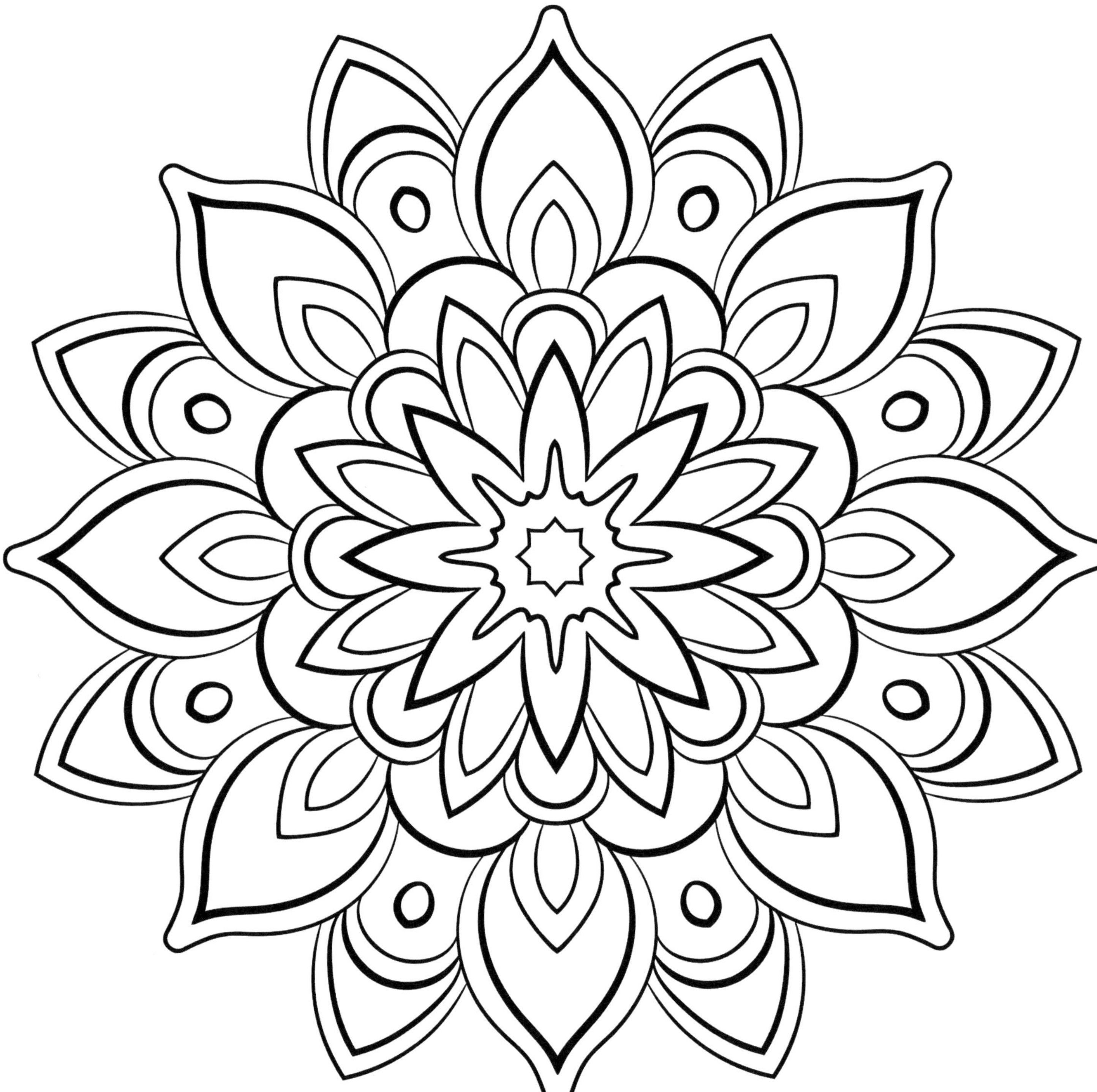

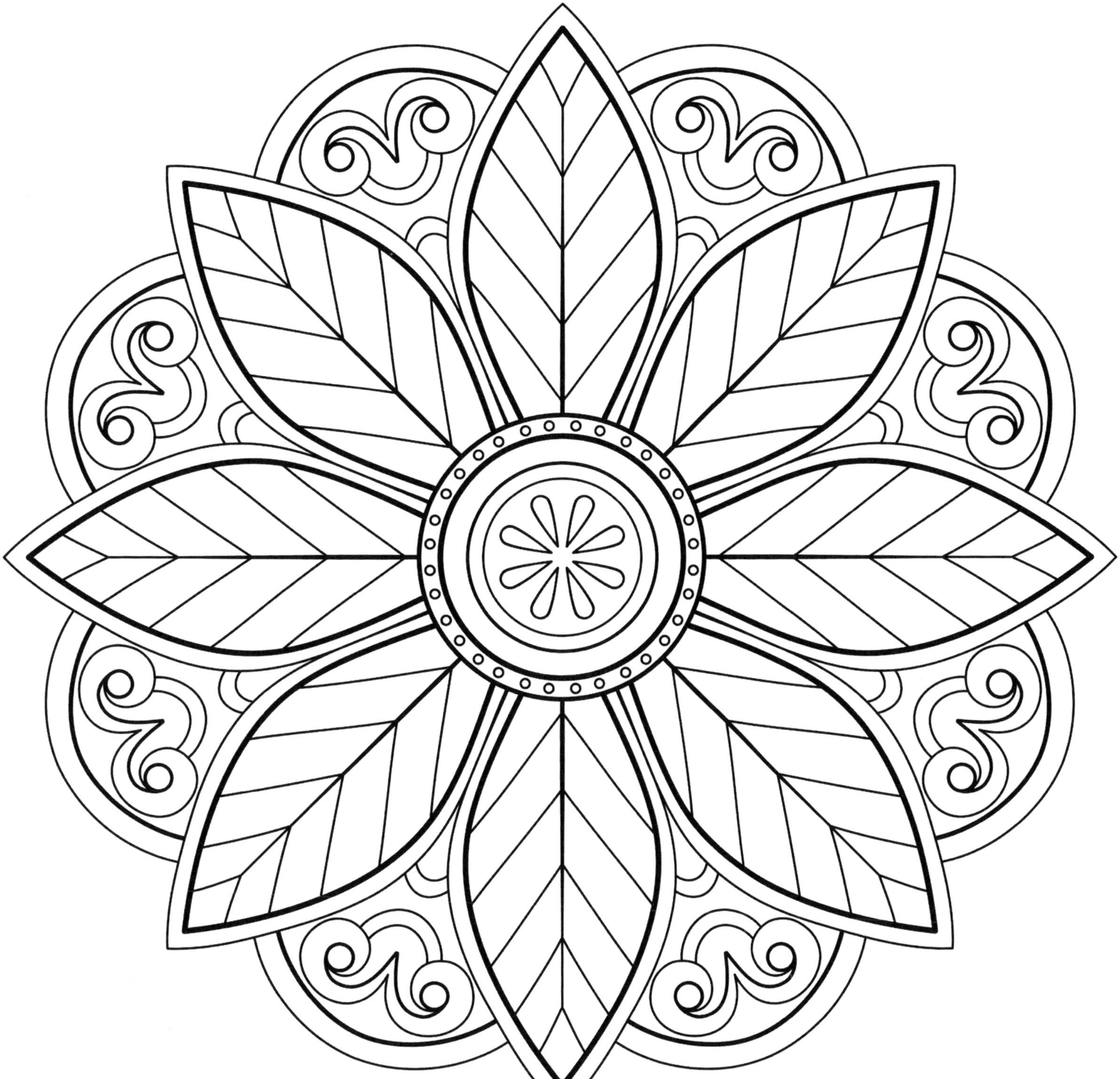

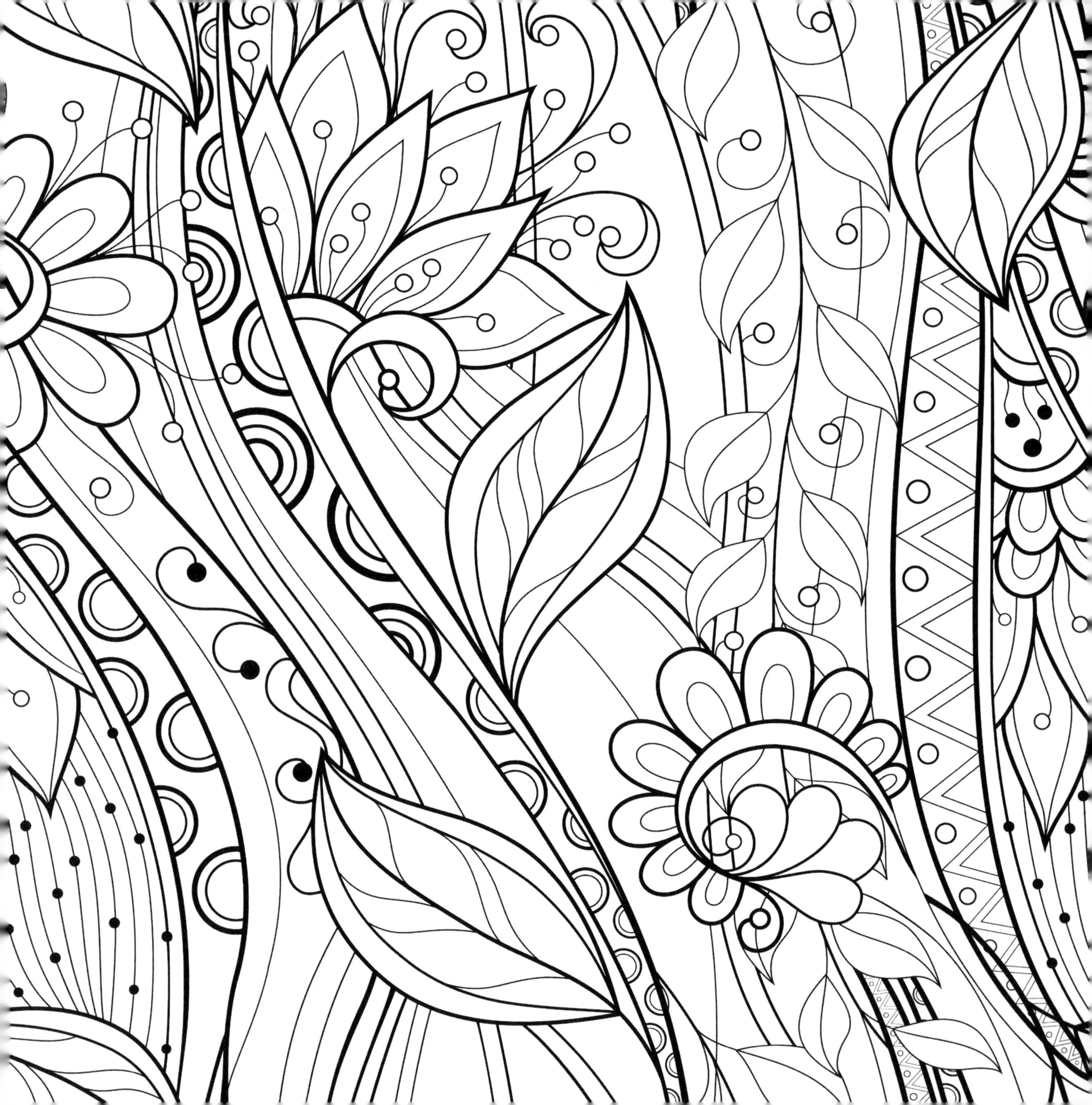

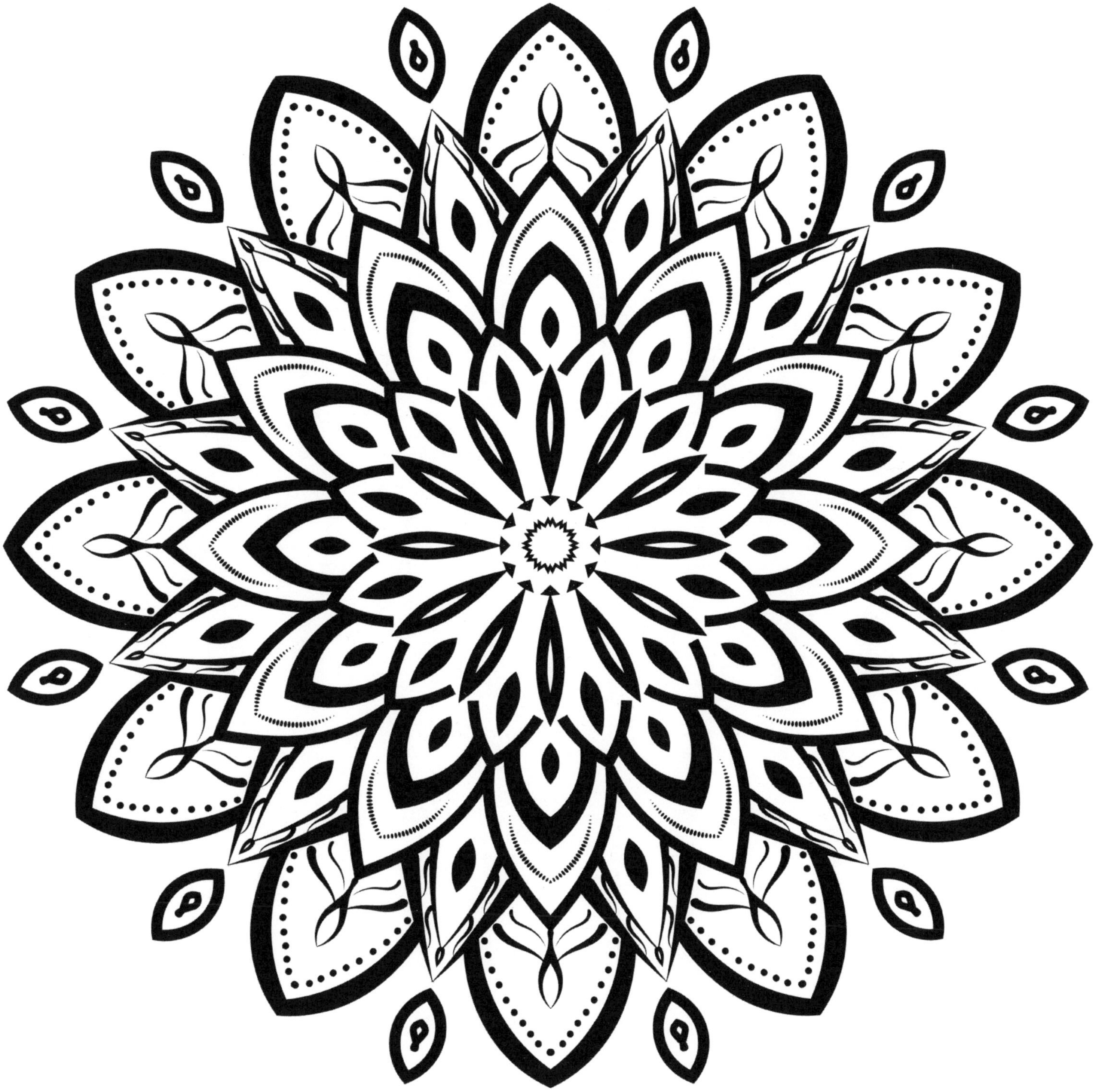

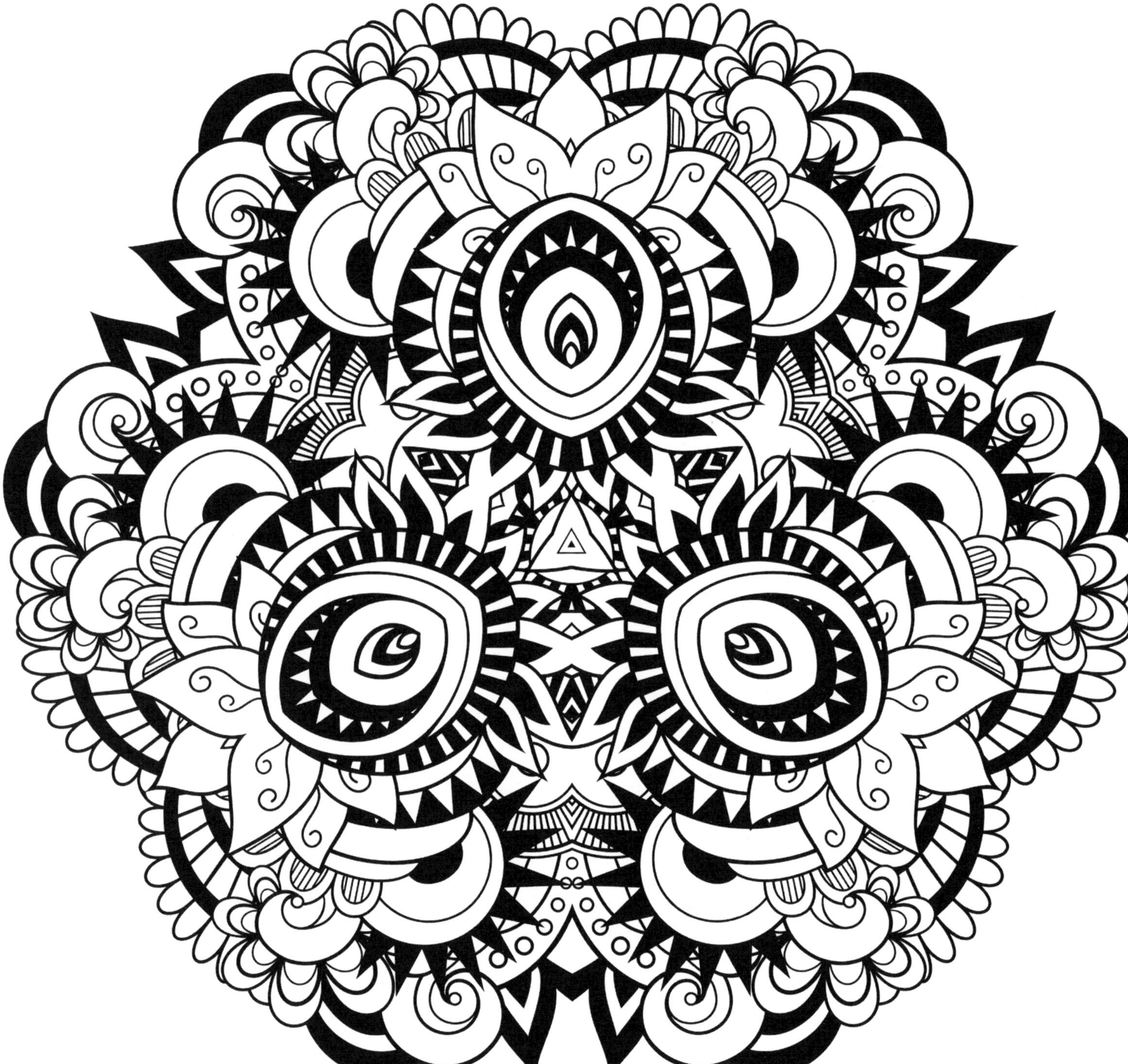

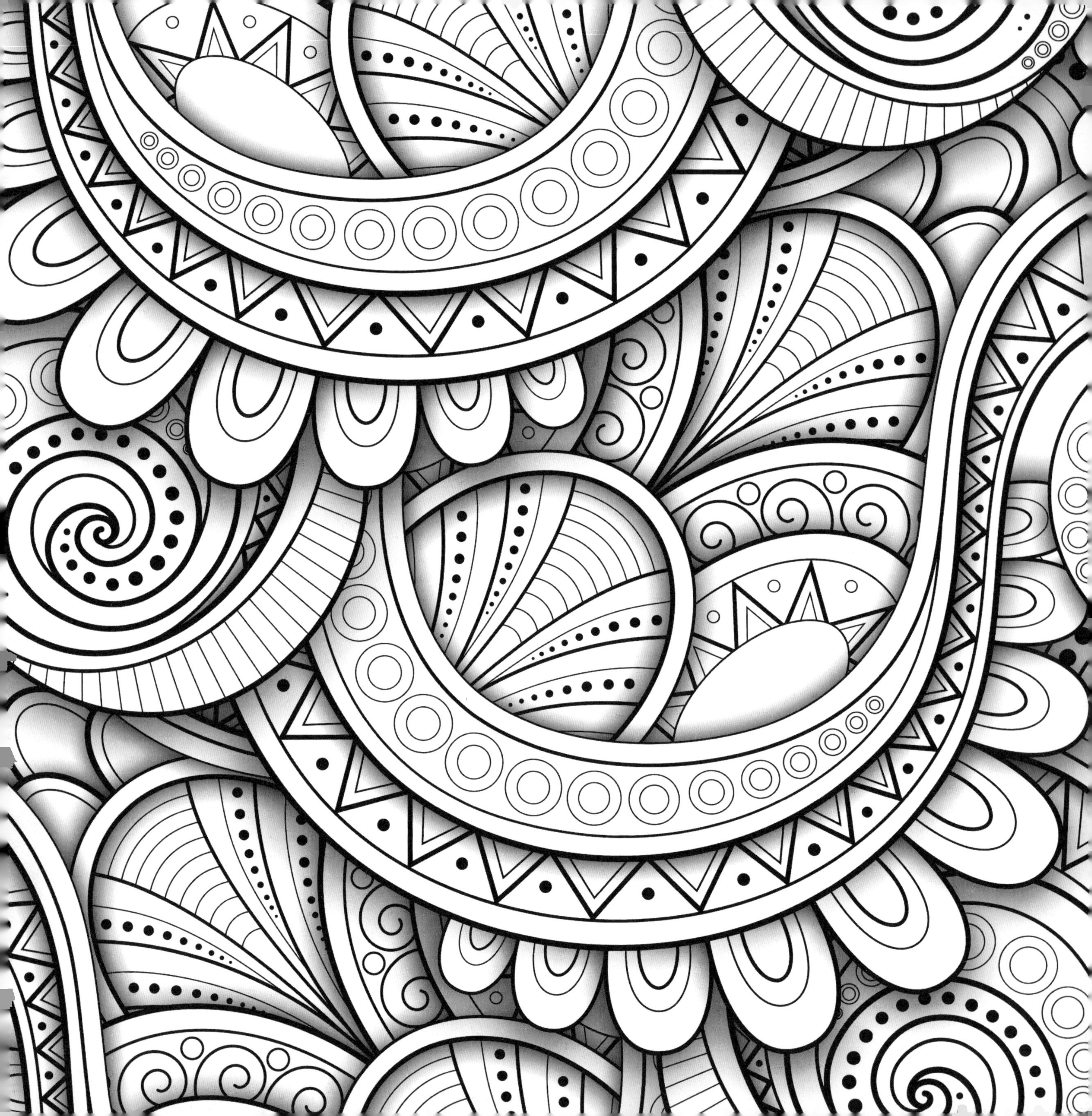

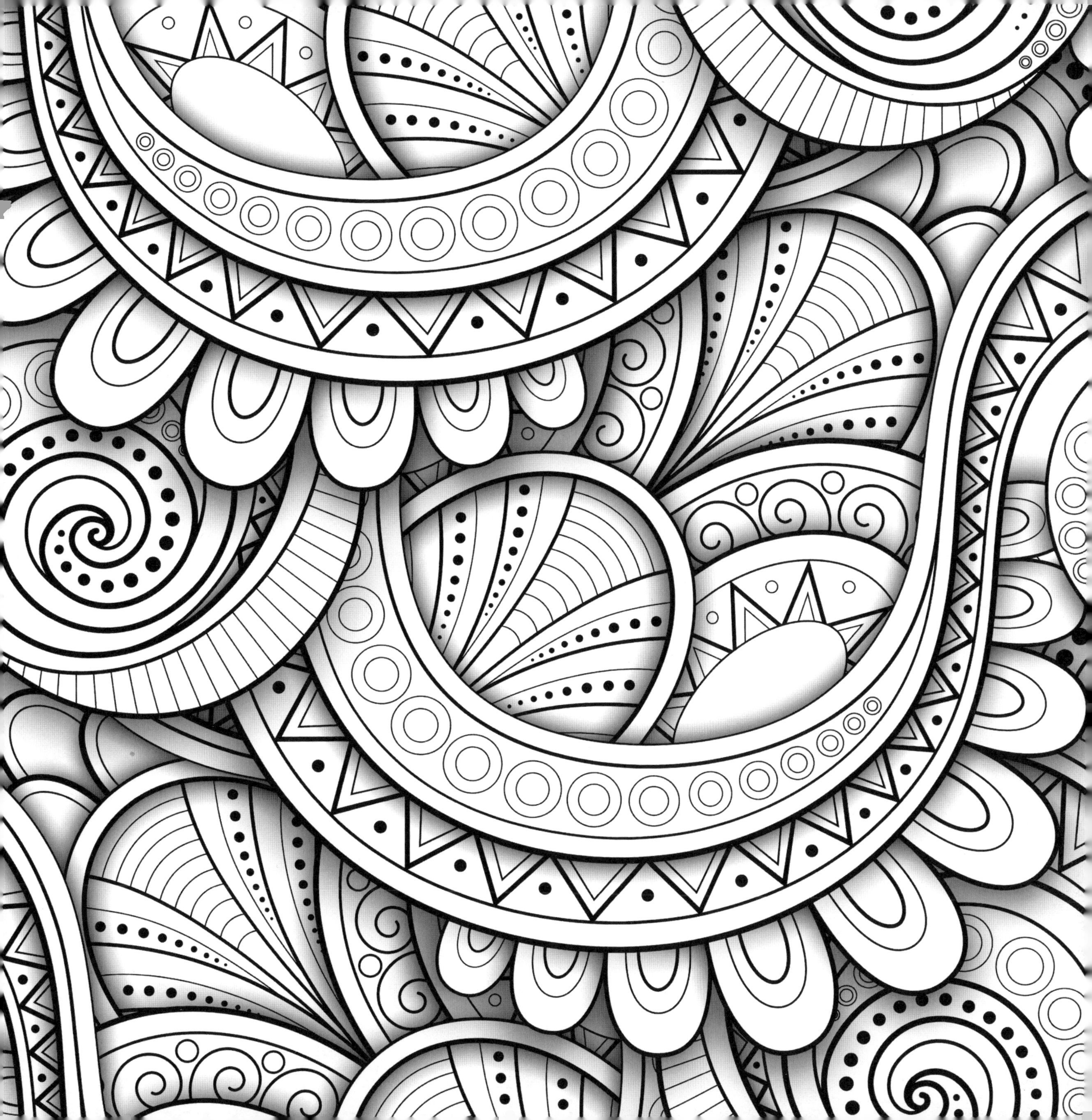

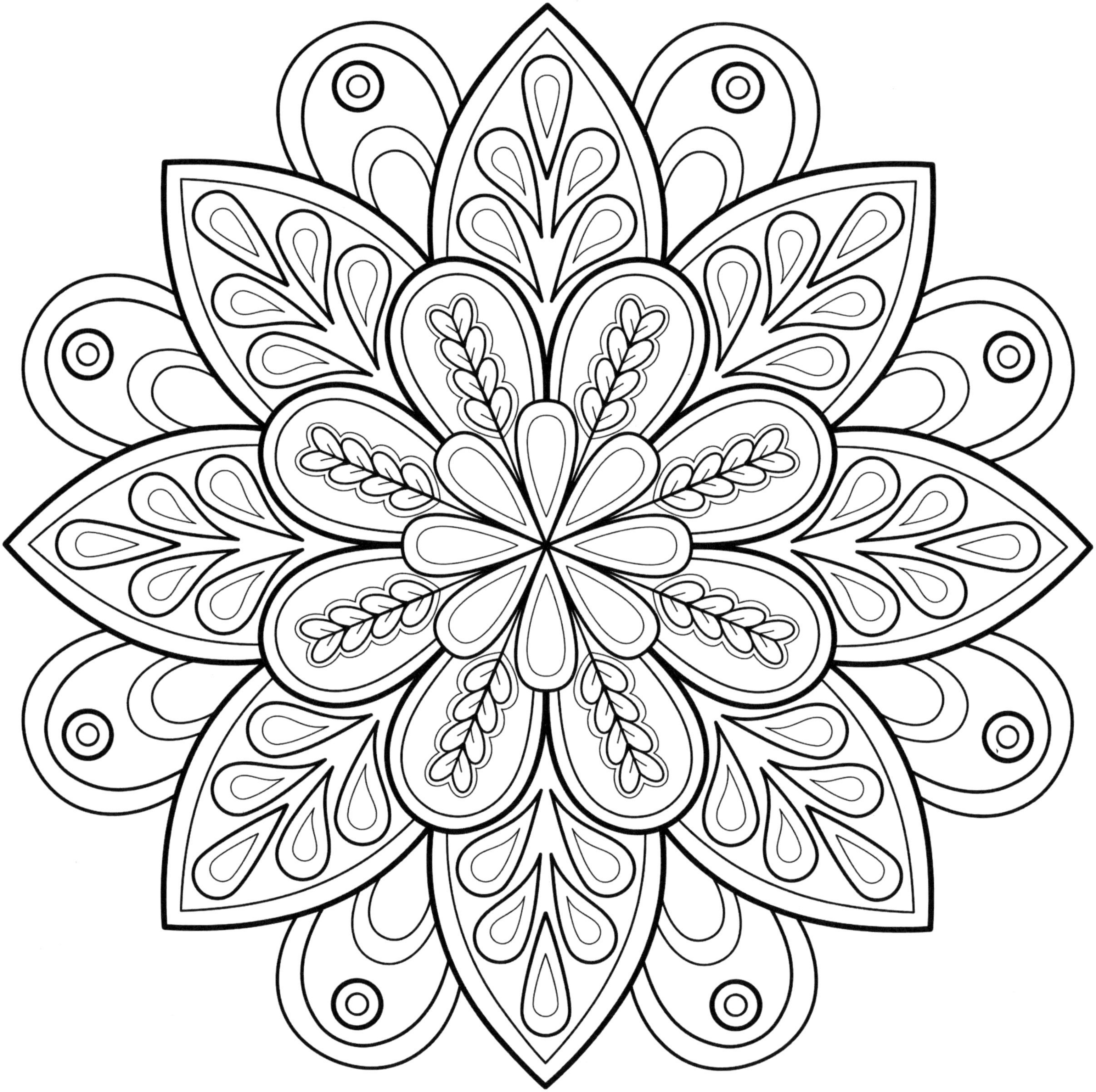

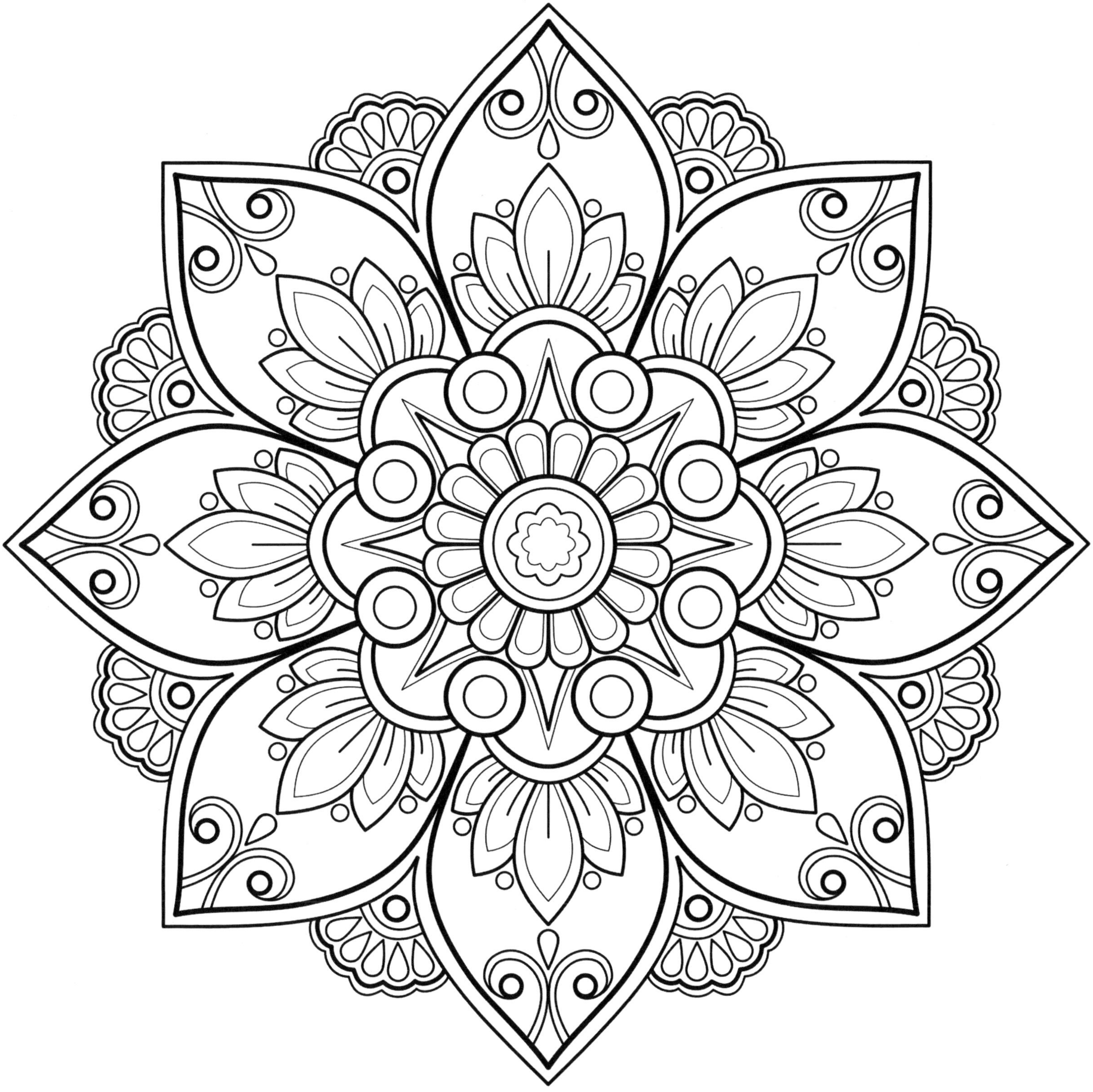

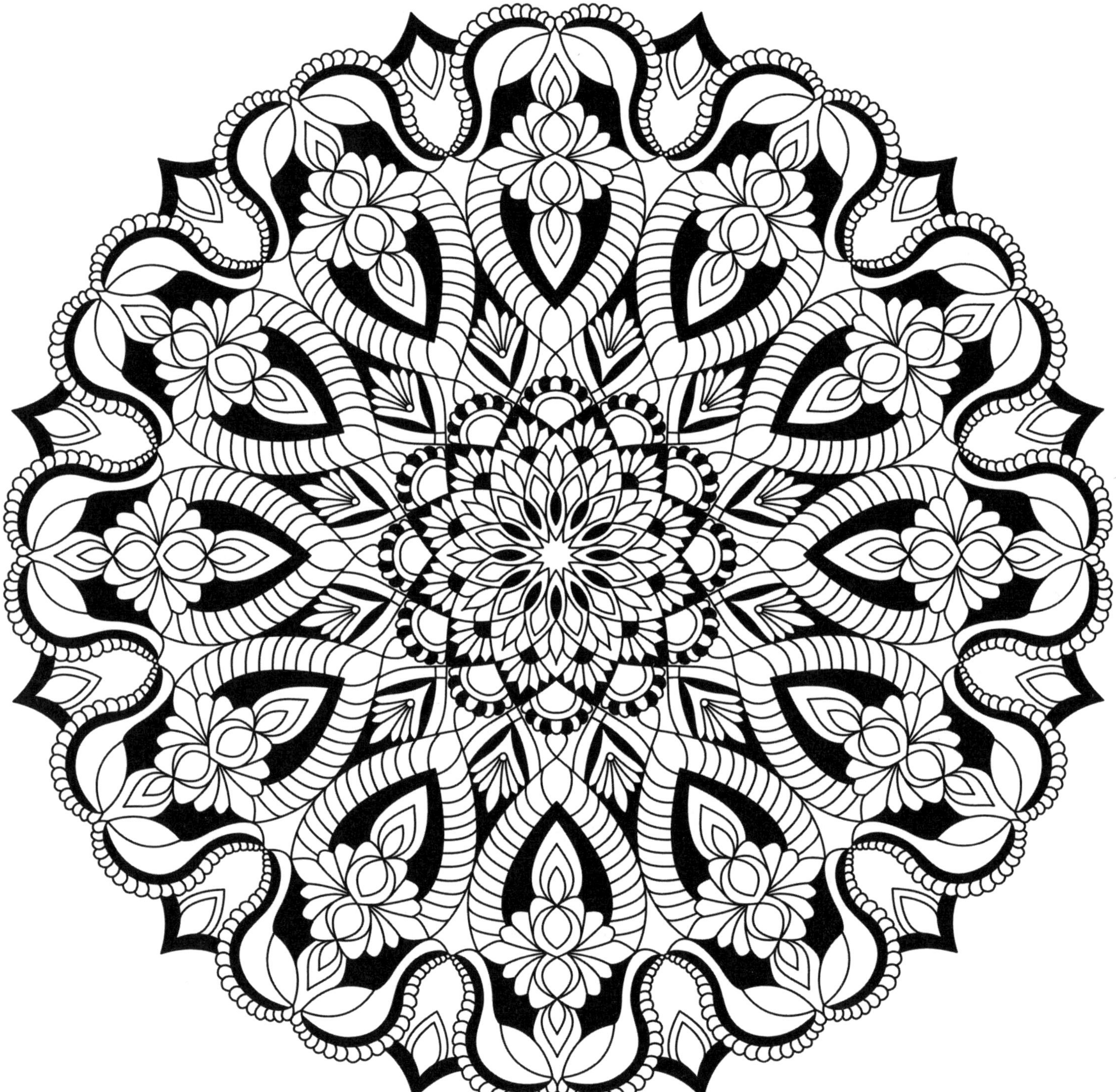

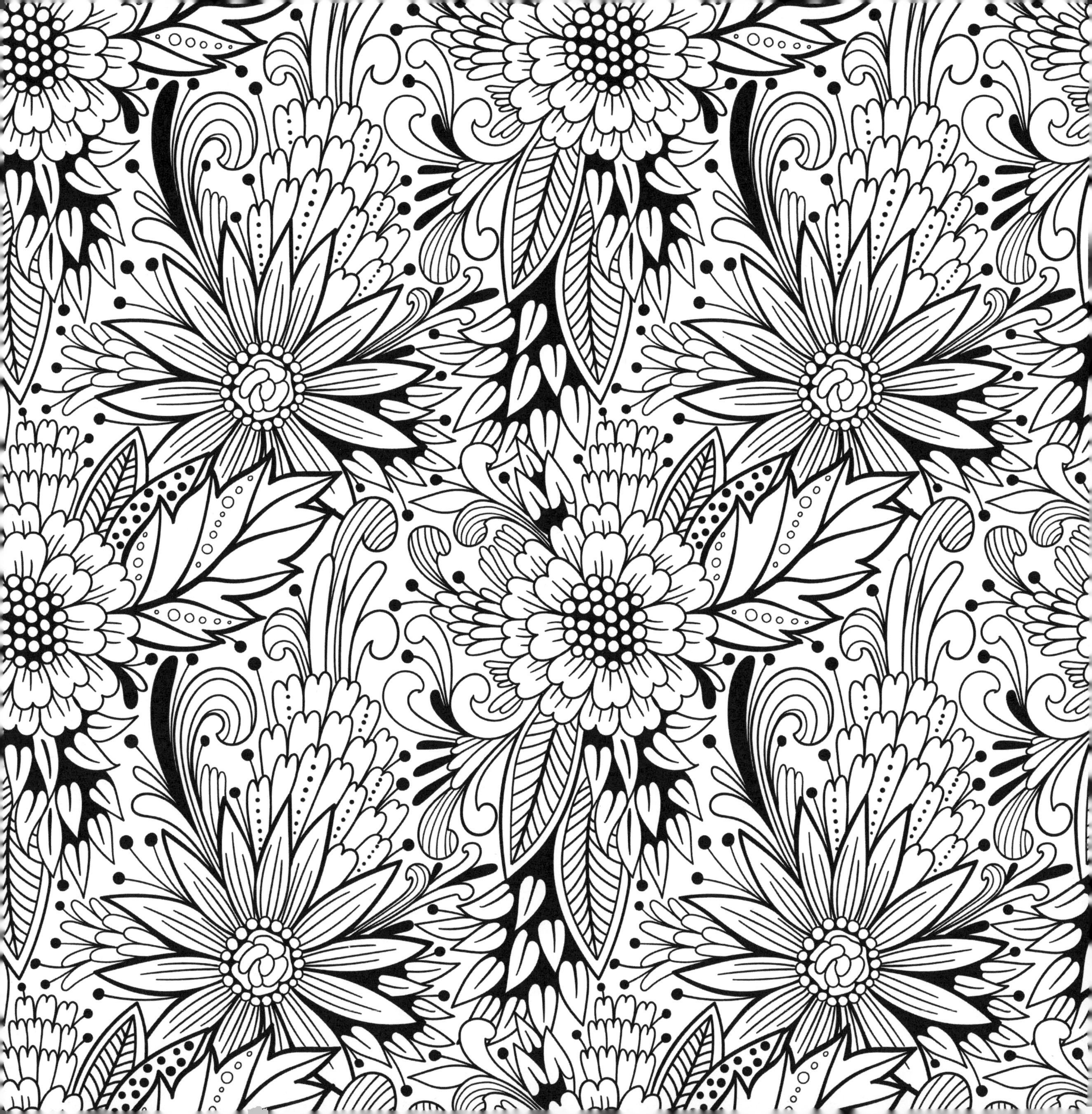

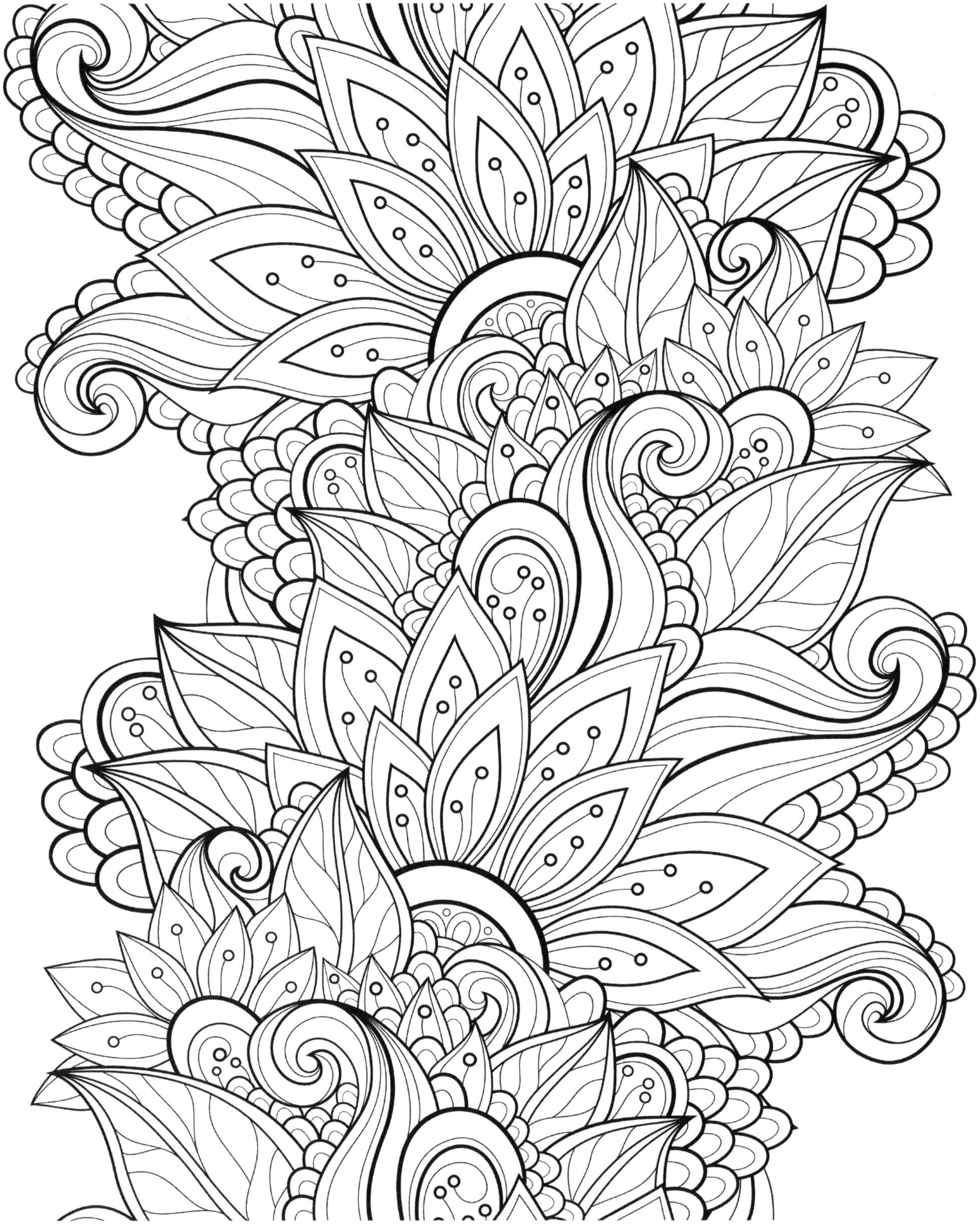

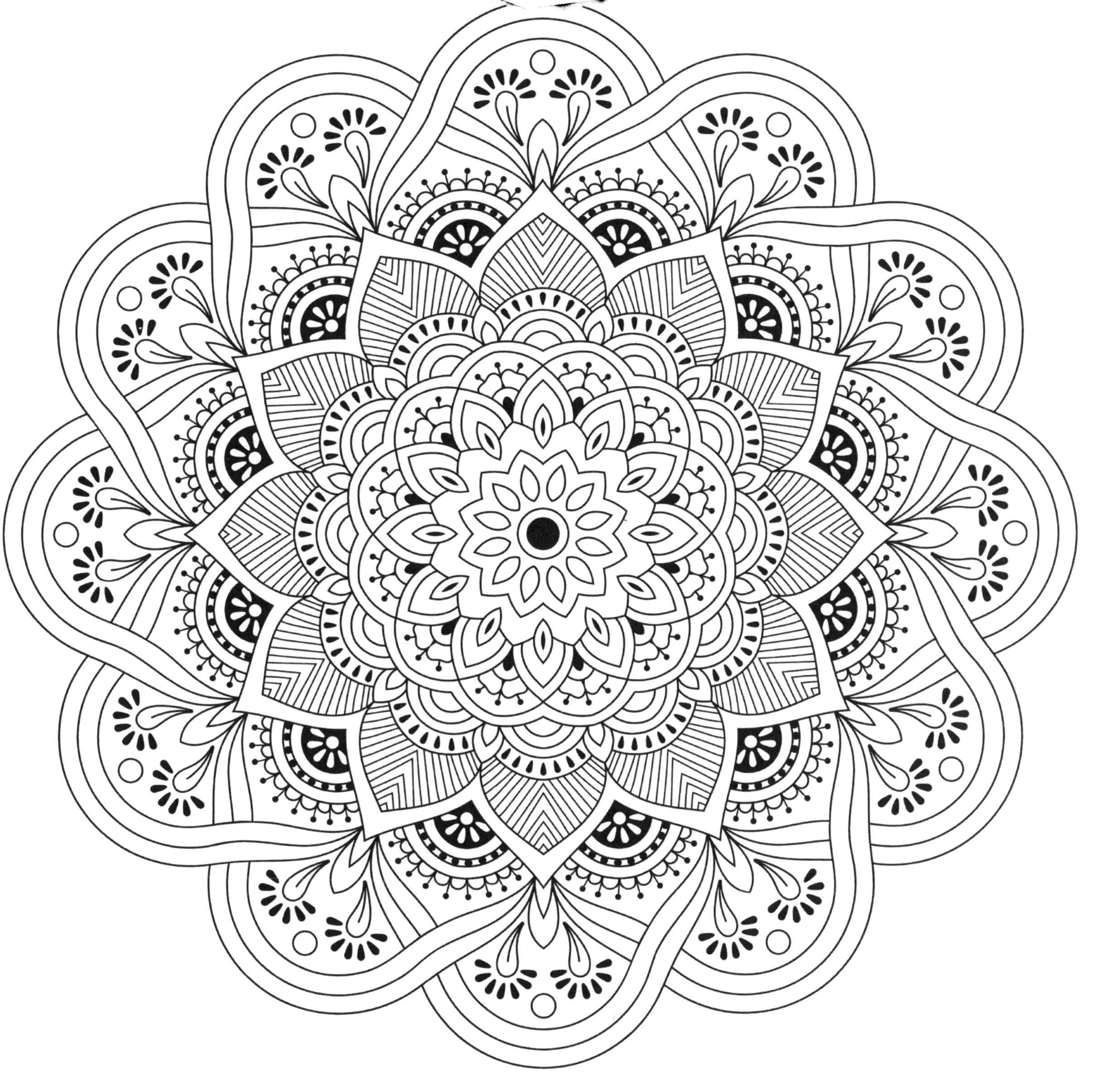

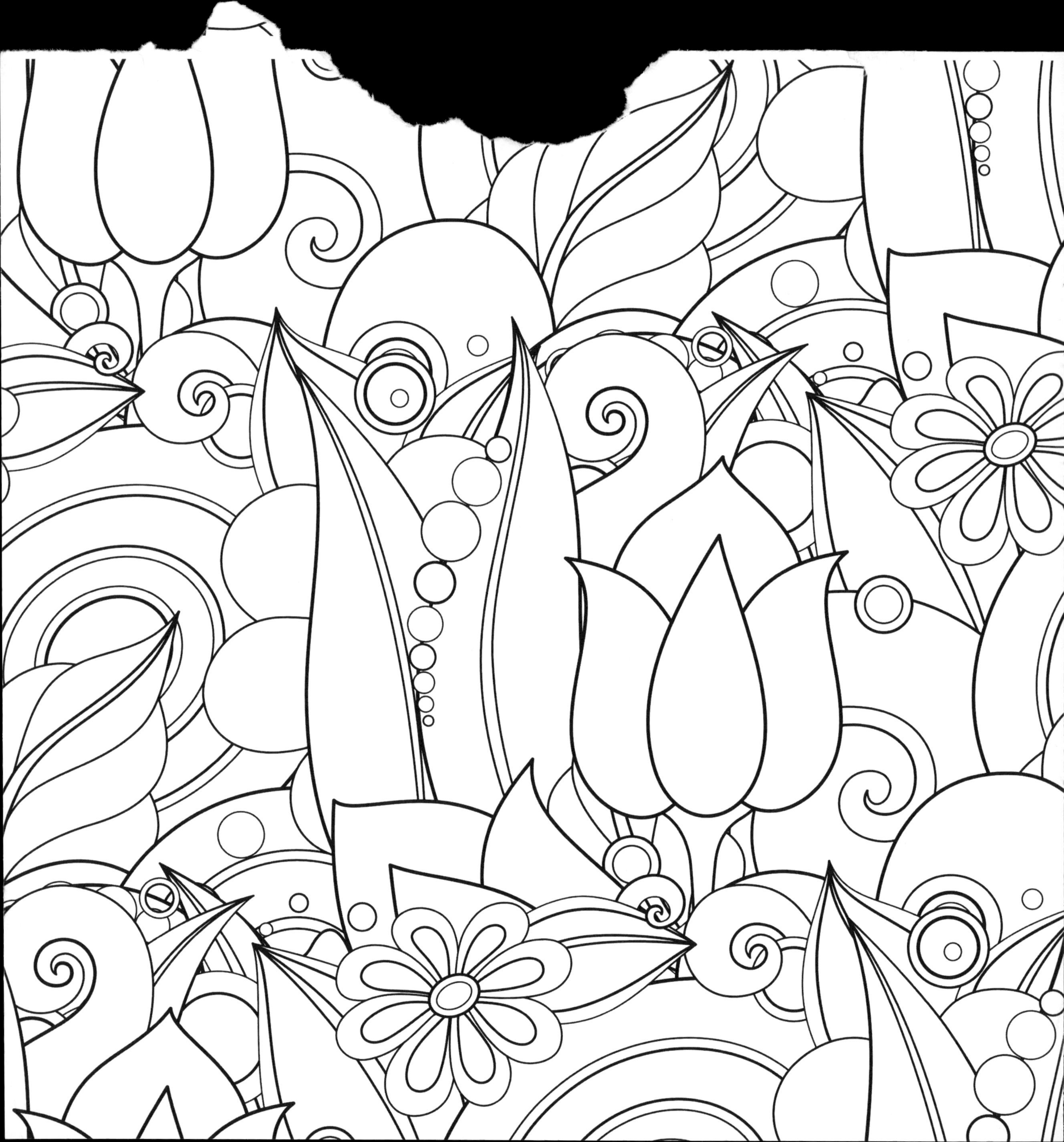

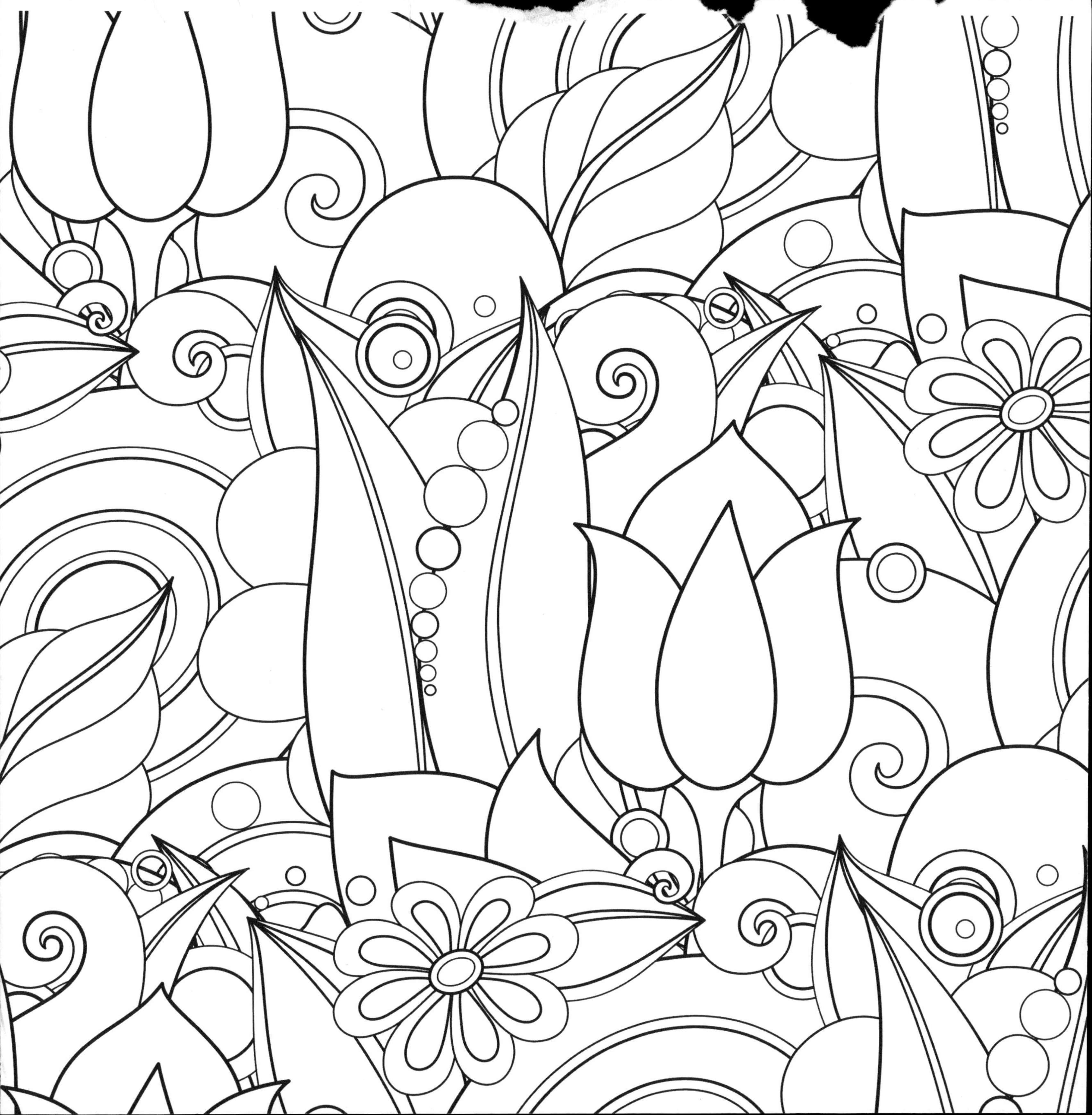

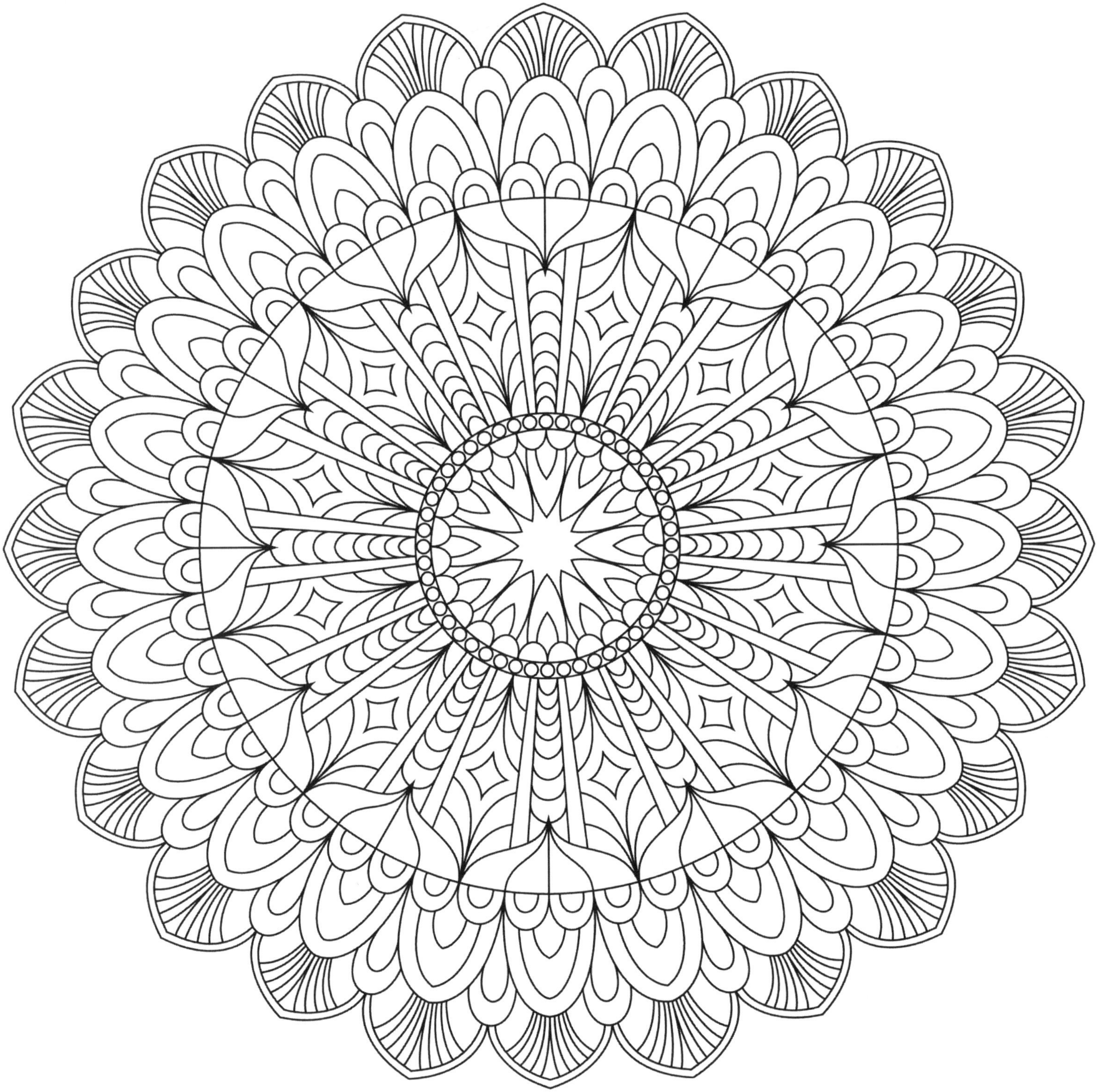

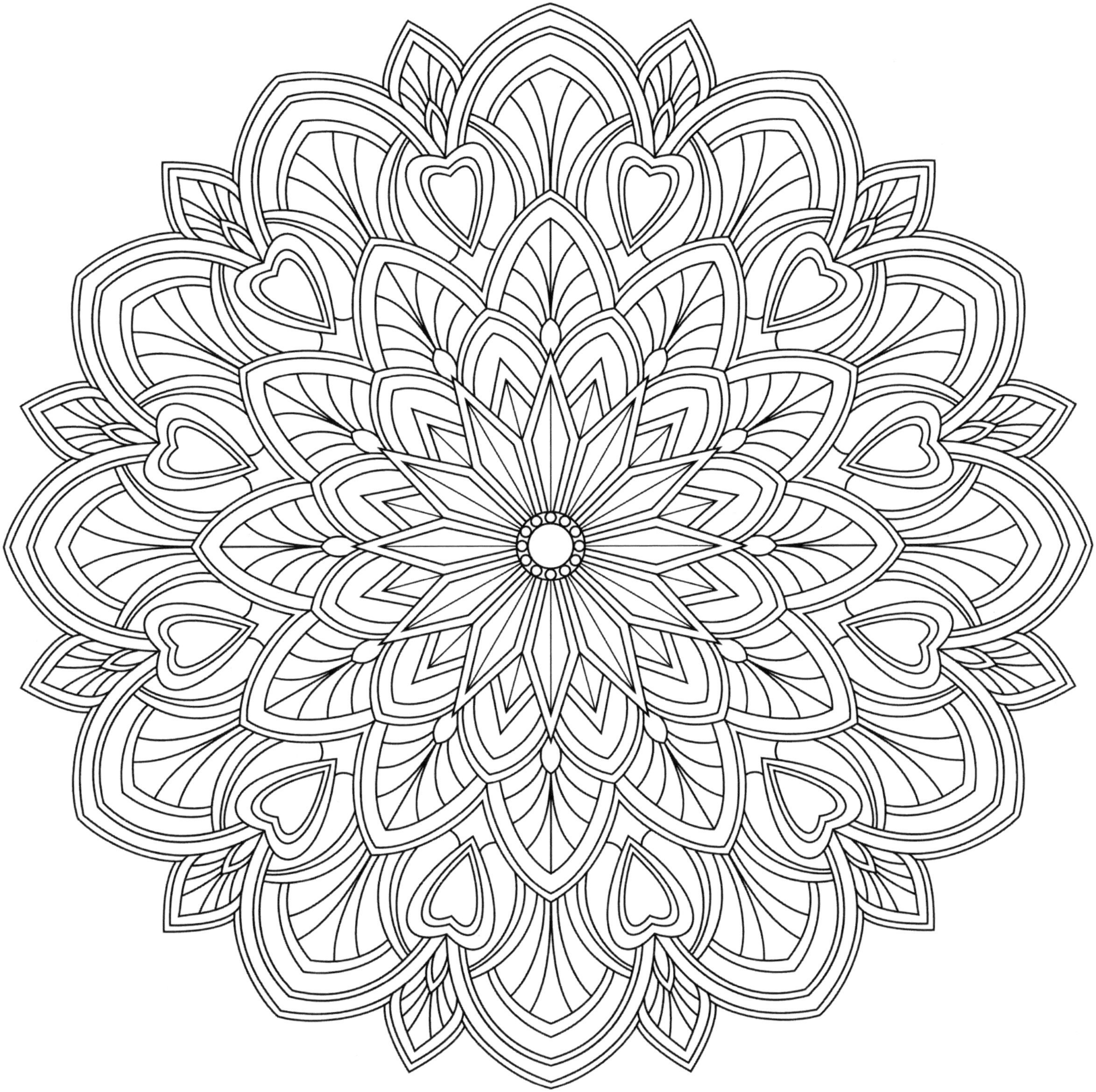

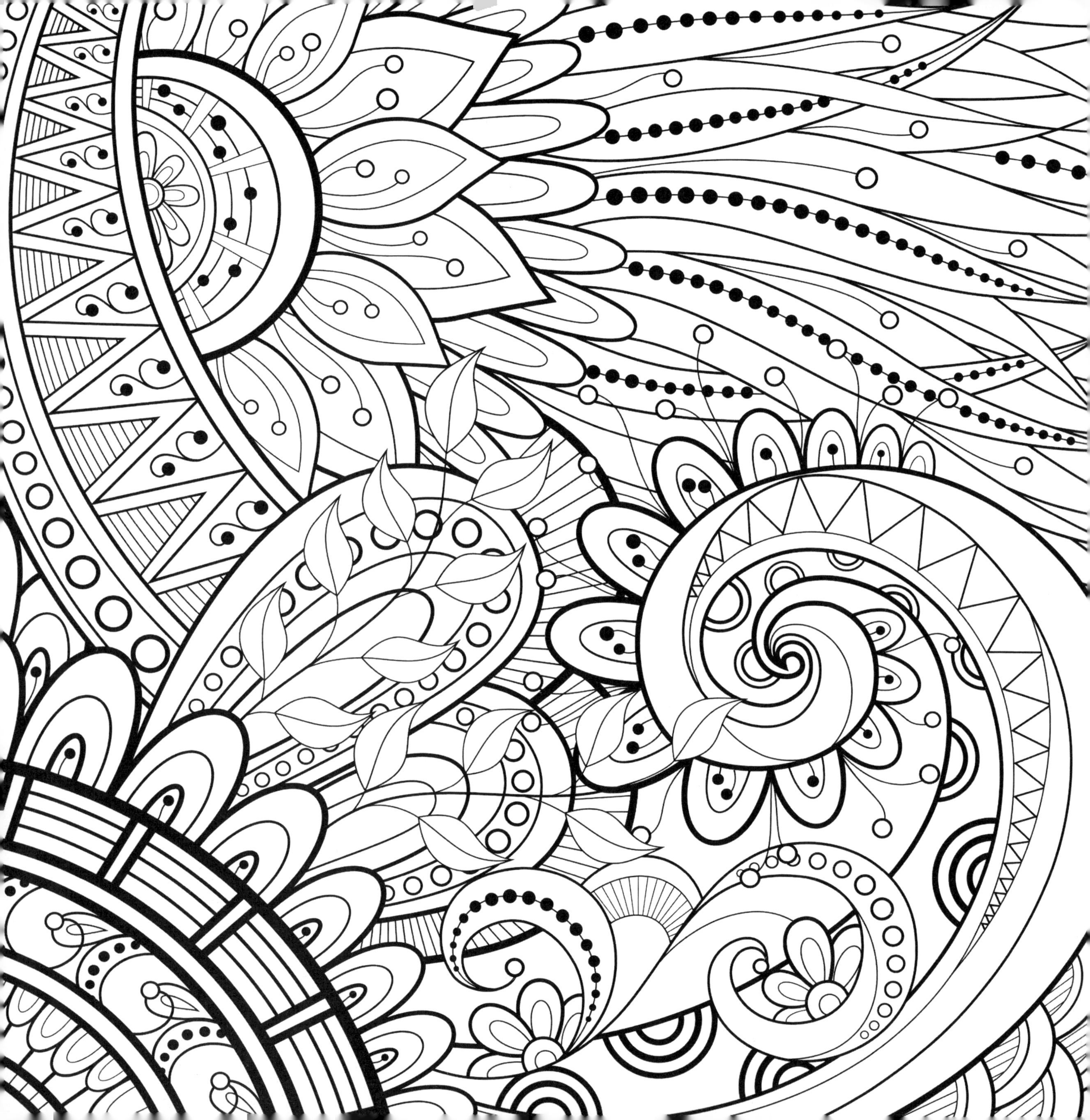

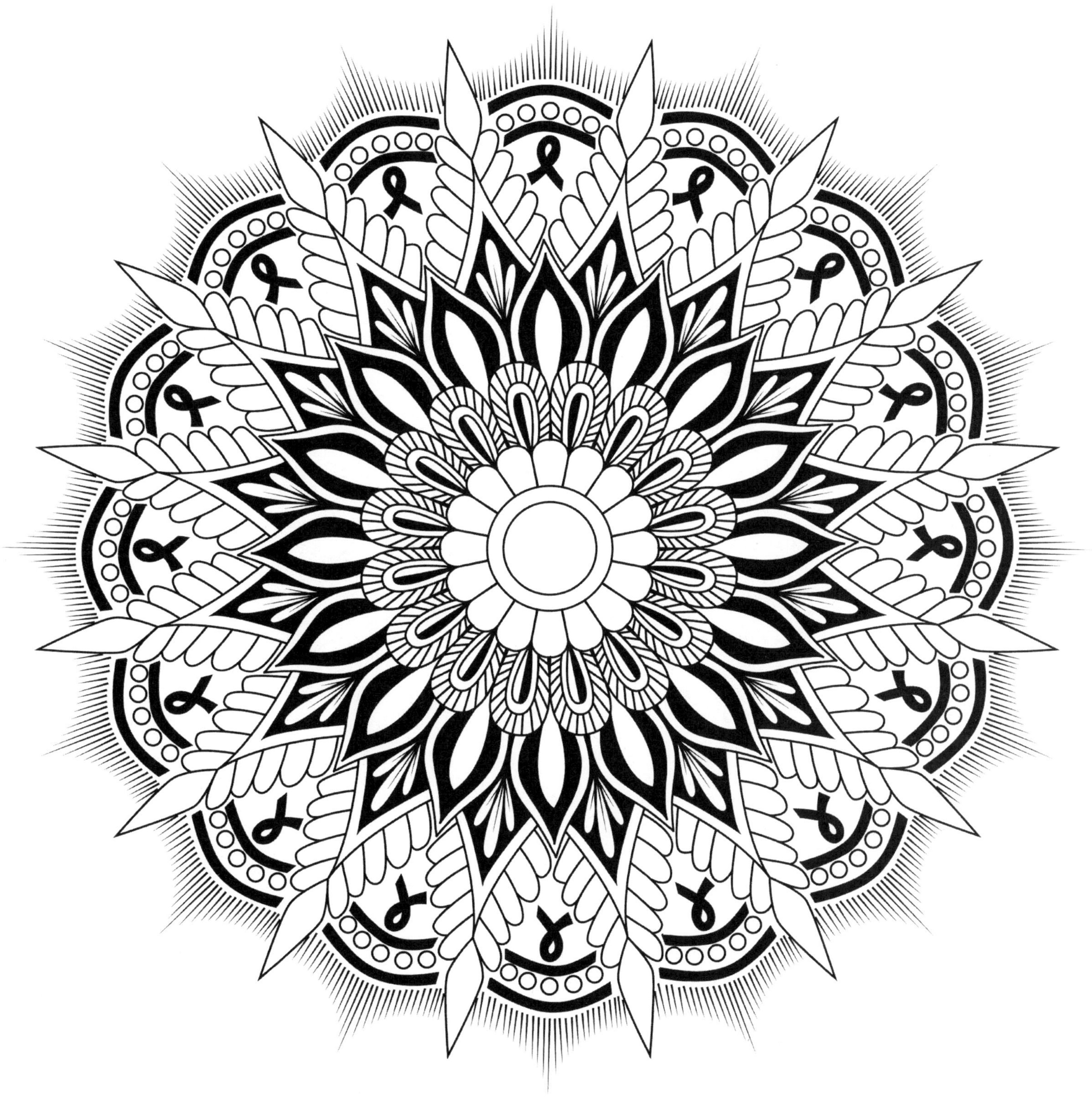

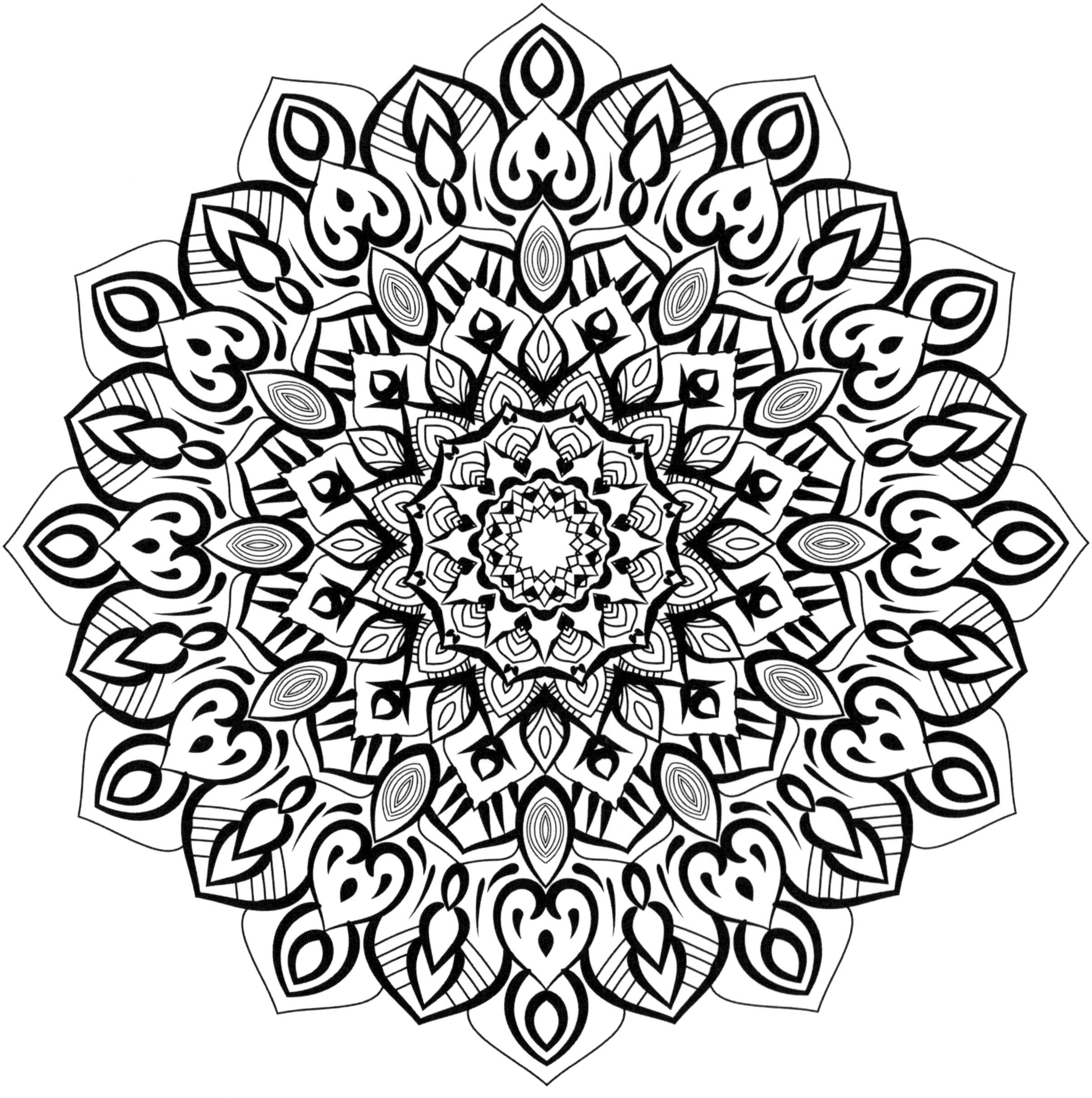

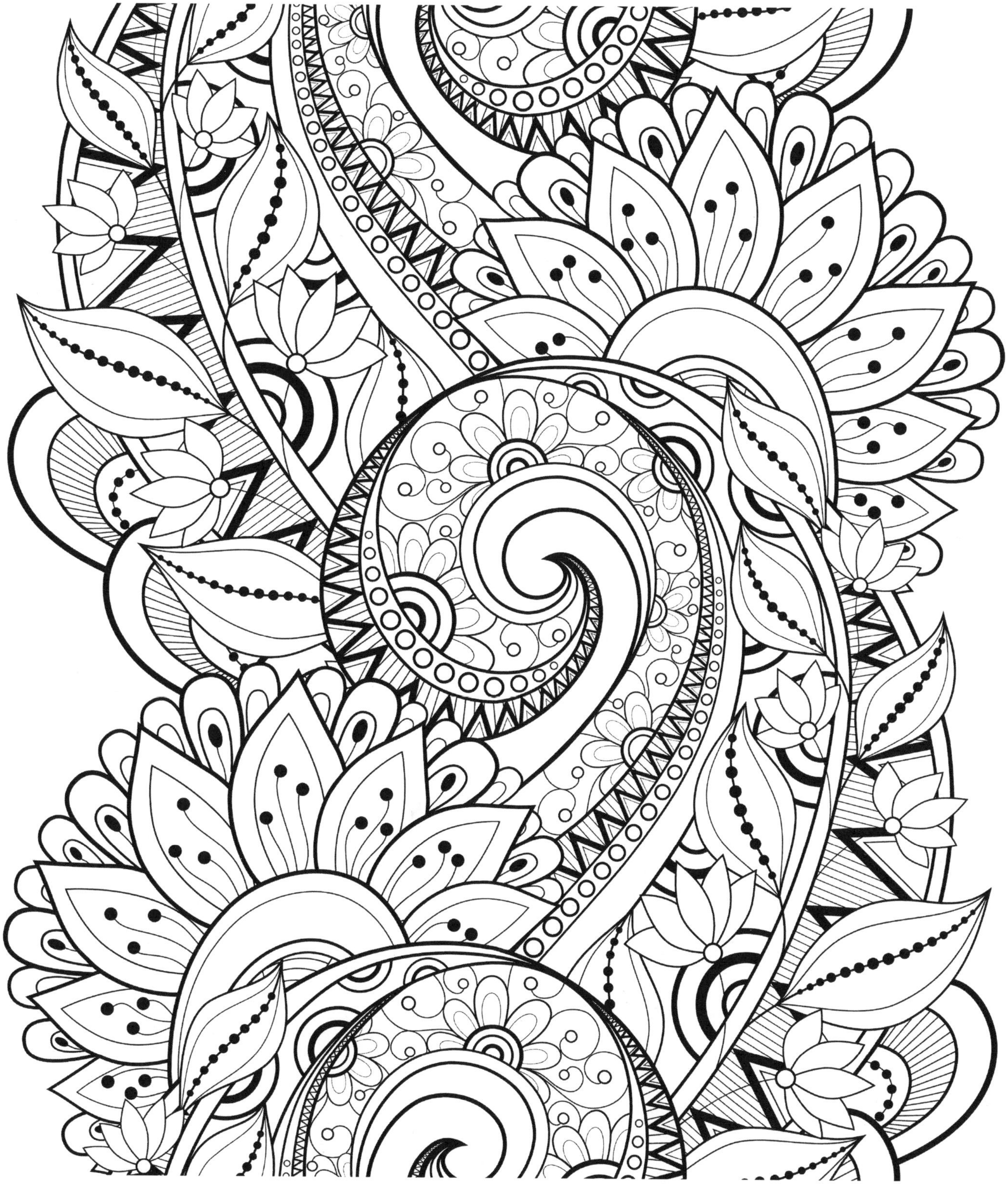

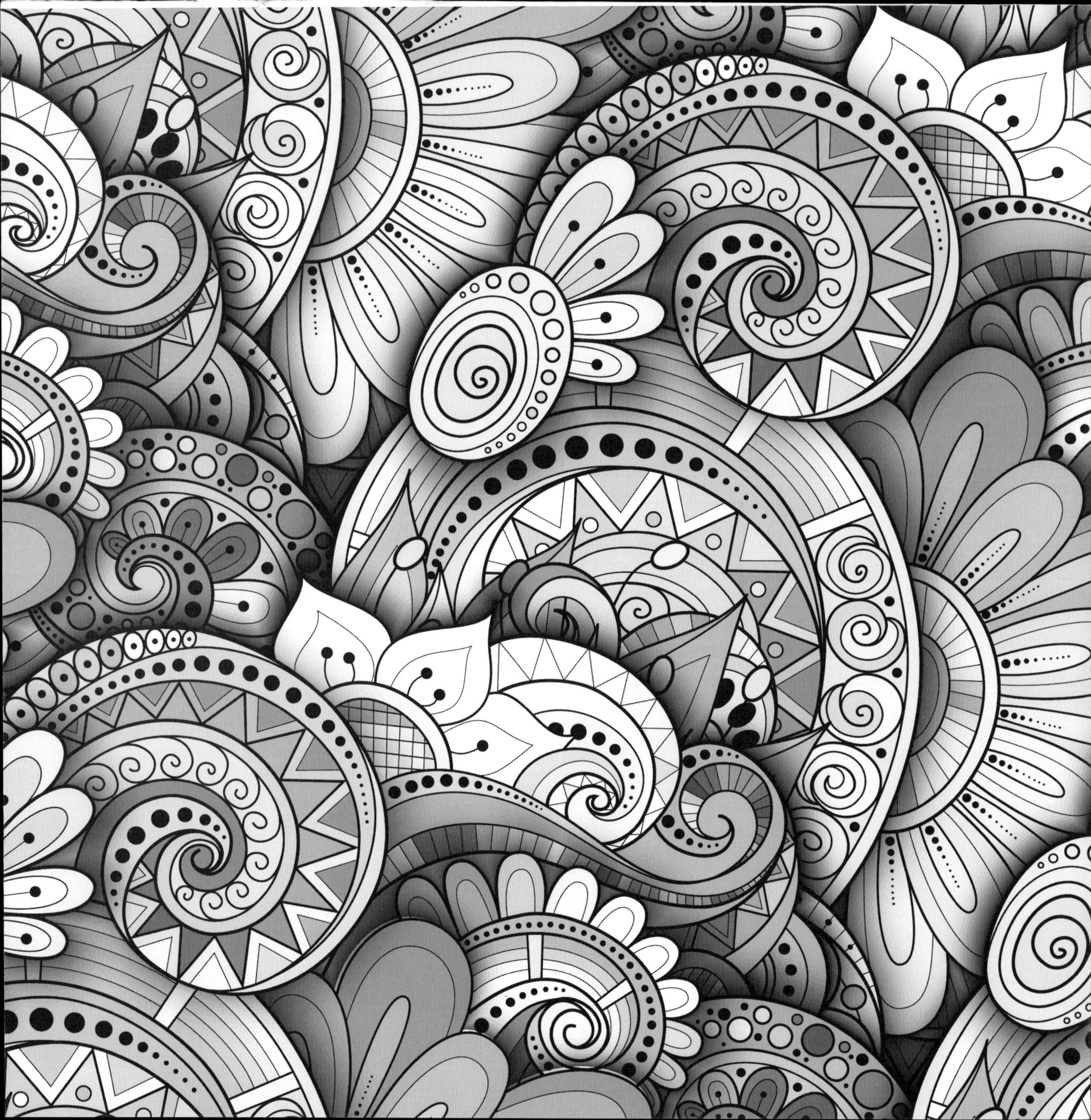